保育の発見

—生きることは成長すること—

加藤博史

一莖書房

はじめに

今から約五年前、平成二十三年の十一月頃のことです。私は保育園の仕事をやってみないかと誘われました。オペレッタの指導ができる人で、保育園の管理職をやってくれる人を探しているということでした。

それまで、自分の子どもがお世話になった他には、保育という仕事にかかわりをもったことはありませんでした。しかし私はその時、翌年の三月で学校の仕事が終わりになることが決まっていました。退職後さらに四年間再任用職員として働き、それ以上はたとえ希望しても学校での仕事はなかったのです。翌年の四月以降の予定は何もありませんでした。

私は、東京の中野の「なかよしの森保育園」に、社会福祉法人森友会理事長の立山貴史という方を訪ねてみることにしました。立山先生は、まだ三十代の若い方で、九州の大分で保育園を経営しており、その年の四月に、初めて中野に「なかよしの森保育園」を作ったのです。そして翌年、平成二十四年には国立市に「ともだちの森保育園」という東京で二番目になる保育園を始めることが決まっており、そこの副園長を探しているということでした。

なぜ「オペレッタの指導をできる人」なのか？　大分の保育園では、ずっと鼓笛をやっていたというのです。一斉指導で幼児を教え、みんなそろって演奏しながら行進するというものですね。ところが立山先生は、保育の基本を、遊びを中心にし、子どもの自発性を育てるものに変えようとしていました。

そういう保育に、鼓笛はそぐわない。でも、子どもに表現活動はさせたい。大分の教授学の関係者に聞いて、オペレッタのことを知り、そういうものなら、子どもの自発性を大事にする保育の中に取り入れることができると考えたそうです。

その夜、お酒を飲みながら話していると、いつの間にか終電の時刻が過ぎていました。そんなに長い時間何を話したのか、ほとんど覚えていないのですが、別れる時には、私は「やってみよう。」という気持ちになっていました。たぶん私は、自分の学校での仕事に心残りがあったのだと思います。国語の授業と表現活動を中心に実践してきたのですが、「やりきった」という感じはもてませんでした。そして立山先生の、「全く新しい場所で、今までやったことのない保育を作っていく。」という若いエネルギーに、惹かれたのだと思います。

翌二十四年の三月、私は四月に開園する「ともだちの森保育園」の園長、門脇清美先生に初めて会いました。門脇先生は、大分で長い間保育士をしてこられたベテランの女性で、ともだちの森保育園の開園のために単身東京に出て来られました。開園準備の仕事はこの時から始まりました。

私の最初の仕事は、事務室に置く机や椅子、金庫などをホームセンターに買いに行くことでした。私は、新設の小学校に勤務したこともありますが、もちろん机や椅子はそろっている状態から仕事が始まります。でも、私立の新設保育園というのは、土地と建物以外は、本当に何もない状態から始まるのです。

門脇先生がいなかったら、私は何をすればいいか途方に暮れていたと思います。門脇先生は、今までの経験から長い買い物リストを用意していました。少しずつ採用が決まった職員が集まって来ると、みんなそのリストにしたがって、ホームセンター、百円ショップ、ネットを使っての注文など、分業で連日家具、おもちゃ、絵本などの買い物をし、新しい建物の中に配置していきました。

これから保育の仕事が始まるのだという実感をもったのは、入園説明会の時です。陽が穏やかにさしているともだちの森保育園のホールに、たくさんの子どもたちが遊んでいます。その子どもたちを見つめる若いお母さんやお父さんの暖かい視線と笑顔を見て、「これから、大事な子どもたちを預かり育てていくという仕事が始まるんだ。」という思いを強くもちました。

しかし四月になり、保育が始まると、毎日は戦場のようでした。なにしろ職員の過半数は、学校を出たばかりの若者なのです。私はもちろん保育の仕事は初めて、門脇先生だって園長という職種は初めてです。そして子どもの方は、初めての場所で、初めての大人に囲まれているわけです。

森友会の保育園は、年齢別の部屋がありません。一階は0歳と一歳の子どもたち、二階は二歳から五歳までの子どもたちが生活しているのですが、一階では一日中子どもの泣き声が聞こえていました。門脇先生は、泣き止まない子どもを一人抱っこし、一人おんぶしながら仕事をしていました。二階で私は、広い室内を全力で走り回る子どもを、一生懸命抱きとめていました。

それでも一カ月たち、二カ月たつと、子どもたちも笑顔で過ごすことが多くなり、先生たちも仕事に余裕が出てきました。私は、子どもたちとリズム表現を始めましたが、ここでも学校との違いに最初はとまどいました。学校では、とにかく子どもが教室にいる状態から指導が始まります。しかしともだちの森保育園では、子どもを集めるところからやらなければなりません。楽しそうなピアノの響きがし、楽しそうな何人かの子どもの動きが見えると、ようやく他の子も集まって来ます。大道芸人になって客を集めるところからが仕事なのです。

私は二年間ともだちの森保育園で過ごし、三年目に、その年新設のえがおの森保育園に、やはり副園長として赴任しました。園長は門脇先生と同じように、ベテランの女性保育士で大分から出て来た遠藤智子先生です。そのころには森友会の保育園は東京の西部だけで四つに増え、私は午前中は四つの保育園を順番に回ってリズム表現やオペレッタを教えるようになっていました。(今年、平成二十八年度には、私は七つの保育園を回っています。森友会の保育園は、東京だけで九つになっています。)

一方で、副園長としての私は、先生たちの給料を振り込んだり、役所に出す書類を書いたりしながらも、毎日子どもたちの遊びや生活を見て、先生たちの仕事を見るうちに、だんだん保育という仕事に惹き込まれていきました。

遊ぶこと、人といっしょにごはんを食べること、目と目があってにっこりすること、服を着替えること、部屋を片づけること。

学校にいた時にはあまり気にとめなかった、子どもの、いえ、人間の毎日の生活が、とても大事なものに感じられてきたのです。

私はともだちの森保育園で二年間、えがおの森保育園で二年間、毎月園だよりを書いてきました。そこには、その時々に私が感じたこと、学んだことがそのまま出ています。読み返してみると、繰り返しも多いのですが、その時々に感じたことをそのまま出した方がいいような気がして、書いた順番に並べてみました。ただし、ともだちの森保育園の最初の二カ月だけが、パソコンのデータにもプリントアウトした紙にも見つからないのです。それだけ最初は混乱していたのでしょう。

今私が考えていることをいくつか書いて、園だよりの前と後ろに並べてみました。「子どもを育てる時に大事なこと」は、保護者を対象とした育児講座の原稿です。読んでくださった方が、子どもを育てるということ、もう少し広くいえば、人間が生きるということについて、新鮮な事実や考えを少しでも見つけてくだされればすごくうれしいです。

私を保育の世界にひきこんでくれた立山先生、門脇先生・遠藤先生を初め、四年間いっしょに保育の仕事をしてきた先生たち、子どもたちや若い先生たちにオペレッタを教える仕事にいっしょに取り組んでくれた、研究会の仲間の北村恵美子さんと佐藤光代さん、保育の面白さを学ばせていただいた、桑戸大雄先生を初めとする赤い鳥保育会の先生たち、本を作ることを誘ってくれた斎藤草子さん、ありがとうございました。そして何より、人間の面白さと育っていく命の輝きを毎日見せてくれた子どもたちに感謝したいと思います。

本から学ばせていただいた方はたくさんいますが、鯨岡峻先生のエピソード記述の本からは、掌の泡を発見した子どものエピソードと、かけっこが得意な子どものエピソードを、井桁容子先生の『保育でつむぐ子どもと親のいい関係』からは、抱っこをせがむ子どものエピソードを使わせていただきました。繰り返し読み、人にも話してきたので、自分が経験したことのような気がしますが、保育の本質を教えていただいた大事なエピソードです。

目次

I　保育の発見

（1）ほめること

二歳児が散歩から帰って来たのを玄関で迎えていた時のことです。保育士が「靴をぬいだら靴下ぬいでね。」と、子どもたちに声をかけていました。私は何の違和感も感じませんでした。

その時、ともだちの森の保育を見に来てくれていたお客様が、「上手に靴ぬげたねって、言ってあげればいいのに。」とつぶやいたのです。私は、「この人と自分の感受性の違いは、何なんだろう。」と思いました。

私が小学校で仕事をしていた時にほめるというのは、子どもが難しいことをがんばってやり終えた時とか、他の子にないようなすぐれた発想をした時とかで、「靴をぬぐ」というような日常的なことをほめるということは、まるで思い浮かばなかったのです。

二歳児にとって「靴をぬぐ」というのは、私が考えるほどあたりまえなことではなかったのかもしれない、ということが、私が気づいたことの一つでした。考えてみればどんな子どもでも、初めから自分で靴をぬげるわけではありません。これはさまざまなことに広げて考えることができますね。私たちは、赤ちゃんが初めて立った時、初めて歩いた時、喜び、祝いますが、子どもにとって、靴をぬぐこともスプーンを使って食べることも、いや、自分の手を使って食べることも、みんな初めての経験です。走ることも、階段を上ることも、人と目を合わせてにっこりすることも。それに立ち会うことができるのは、考えてみれば幸せな仕事ですね。

えがおの森保育園の園長の遠藤先生は、どんぐりを拾って見せに来た一歳児のことを「○○ちゃんにとっては、今年どんぐりを見たのが生まれて初めての経験なんだよね。私はオーロラって見たことないけど、○○ちゃんにとってのどんぐりは、私がオーロラを見た時に感じるような新鮮さなのかもしれない。」と言っていました。私は、子どもがいまどんなふうに感じているのか、どんなことを体験しているのかを思いやることが、少しづつできるようになってきました。

もう一つ考えたのは「靴をぬいだら靴下ぬいでね。」という私が何の違和感ももたなかった言葉は、先の予定にだけ気持ちがいっている言葉だったのではないか、ということです。

大人は、「スケジュール通りに生活がすすむ」ことにとらわれやすい。ミヒャエル・エンデが書いた『モモ』という童話には、「無駄な時間をなくして、時間を貯蓄しよう。」と人々に呼びかける「灰色の男」が出てきますが、私たちは、多かれ少なかれみんな「灰色の男」なのだと思います。

でも、子どもにとって大事なのは、スケジュールではなく、今です。すると、子どもといっしょにいる大人にとっても、今をもっと大事にすることが必要なのではないか。子どもが自分で靴をぬいでいるということは、靴をぬごうとする意思の働き、手と足の協応、指先の力など、いくつもの人間としての力が必要です。子どもが、そういう大事な力を使い、大事な生活をしているその時を喜び、祝福してあげるのが「上手に靴ぬいでるね。」という言葉なのではないでしょうか。


「見る」と一口に言っても、色々な見方があります。「あの子は靴をぬいでいるな。」ということを、単に情報として知るだけの「見る」もあります。外側から細かく観察するという「見る」もあります。

しかし、保育で大事なのは、子どもと心を通わせながら、子どものからだの暖かさを感じながら見るということだと思います。「ほめる」ことは大事ですが、心をともなった「見る」という働きが基になっていなければ、それはただの形だけになってしまうでしょう。私たちは「見る」ことが、自分にとっても喜びであり、見られる子どもにとっても喜びであるような見方をしなければなりません。そういう「見る」ことは、そのまま子どもへの働きかけにもなります。

冷たい監視される目で見られればそれだけで傷つき、暖かい目で見られればうれしくなるというのは、自分が見られる立場になって考えればすぐにわかることです。見ることは、いつも、見返されることなのですが、テレビの映像をながめることに慣れた私たちは、それを忘れてしまうことがあります。

――ほめることには、「教化」と「言祝ぐ」の二つの働きがあります。大事なのは「言祝ぐ」の方です。――

「ほめる保育研究会」の桑戸先生の言葉です。私はそれを聞いた時、はっとしました。自分は、今まで「ほめることで子どもを自分が願っている方向にひっぱっていく」ことばかり考えていたのではないかと思ったのです。桑戸先生の言葉で言えば、「教化」ばかりを考えていたということです。

「言祝ぐ」は「何かを祝って喜びの言葉を言う。」（新明解国語辞典）という意味です。では、子どもの何を祝うのでしょう。

「靴をぬぐ」ことに象徴されるような、子どもの当たり前の行動を祝うこと、そして、子どもが今ここに存在することを祝うことなのではないでしょうか。いっしょにごはんを食べながら「このごはんおいしいね。」と話しかけること、朝子どもと会った時、にこにこして「おはよう。」と声をかけることも、「言祝ぐ」という言葉にはあてはまりそうな気がします。このように考えていくと、子どもが遊んでいるのを笑顔で見ていることだって大事な「ほめる」行為なのだと思います。

こういう考えは、ただの理屈ではなく、保育の実践と結びついています。保育室で子どもと接する時に、いつも明るい笑顔でいる保育士がいます。子どもといっしょにここにいることがうれしいというような笑顔です。子どもが泥だらけになって外から帰って来た時「いっぱい遊んだんだね。」と声をかけ、着替えが終わると「さっぱりしたね。」と声をかける保育士がいます。子どもが安心して生活し、人を信じ、自分を信じるようになるのに、保育士のこのような表情や言葉は、大きな力をもっているのです。

「教化」は「人をいい方向に教え導くこと」（角川必携国語辞典）です。それが間違っているわけではありません。

私が、保育園で「三まいのおふだ」というオペレッタを教えていた時のことです。子どもの中には、最初からのってすごく生き生きと表現する子がいます。そういう子はもちろんほめます。でも、それまで全く動けなかった子が、手首の先だけで表現し始めたことがあります。私が「○○君、うまいねえ。」とほめると、その子の表現は、さっきより大きく、腕全体が動いてきたのです。私は「大きく動きなさい。」などと一言も言っていないのに。三日ぐらい後に、その子のお母さんが「うちの子はオペレッタが大好きだと言っています。」と私に話してくれました。

結果から見ると、この時の私の「ほめる」行為は、明らかに「教化」の働きをしています。しかし、それが子どもの内側からの成長に役立ったのは、そこに「言祝ぐ」働きが入っていたからではないでしょうか。その時の私には、その子が自分から表現し始めたことを発見し、喜ぶ気持ちがありました。その心の弾みが子どもに伝わったのだと思います。最初から「教化」だけを意識して「ほめる」と、大人がもっている価値観を子どもに押し付け、大人に合わせる子どもにしてしまうことにつながりそうな気がします。

(2) 遊ぶこと

0歳の、まだ立つのがやっとのような子が、滑り台の階段を上って行きました。でも、滑って下りて来るのはこわいらしく、今度は後ろ向きで階段を下りて来ました。と思うとまた上って行きます。そしてまた後ろ向きで下りて来る。この子は、全身を柔らかく使いながらこれを十回繰り返しました。十回上り下りすると、何事もなかったかのように砂場の方に行きました。

私は感嘆して見ていました。滑り台の階段の段差は、その子のひざくらいあります。自分のひざくらいの段差の階段を五段上り下りし、それを十回繰り返すことを想像してみてください。すごい運動量ですよね。子どもがいちばんやりたいことというのは、自分の新しい可能性を開き、それを納得するまでやりきることなんだなと思いました。

このエピソードは、私が「遊び」ということを考える原点です。誰に指示されるのでもなく、自分の意思で始める。そして満足するまでやりきる。その時間の集中の深さが、そのまま自分の成長につながっていること。

森友会の保育園には、園庭に山が作ってあるのですが、歩き始めて、外に出られるようになった子どもは、早速この山を登り始めます。ずるずる滑り落ちても、何度も何度も挑戦しています。

はさみを使えるようになった子は、保育士が用意してくれた細長いきれいな紙を、慎重にちょきんと切るのを、十分以上集中して続けています。
砂場で友達といっしょに川を作り、水を流している少し大きい子どもたちは、自然に役割を分担し、話すことでイメージを広げながらどんどん新しい地形を作っていきます。そのそばでは黙々と泥団子を作っている子もいます。

しかし、子どもが「遊んで」いればそれでいいということでもありません。

えがおの森保育園で保育の見学学習会があった時、ブロックで長い時間遊んでいた子どもたちを「ずっと自分たちで集中して遊んでいた。」と評価する人がいました。ところが、一人の先生は「あの子たち、本当にやりたくて遊んでいたのかな。私は、保育士が遊びに入ってもっと発展させてあげた方がいいと思った。」と話してくれました。考えてみれば、大人だってやることがなくて何かをして時間をつぶすことはあります。これは、私には、「長い時間自分たちで遊んでいた。」という形を見た評価と、子どもの表情と遊びの内容を見て「発展がなく、本当に夢中になってやっている感じがなかった。」と、遊びの質を見た評価の違いだと思われます。「子どもだけで遊んでいる」ことに価値があるのではなく「夢中で遊んでいる」ことに価値があるのです。

（3）見ることと表現すること

子どもたちとリズム表現をしている時、私のからだの弾み方は、私の動きを見ている子どもたちのからだに直接移っていくようです。そして、私のからだにも、子どもたちの弾み方が直接移ってきます。

しかし「移り方」は、一人ひとり違います。

私がリズムにのってひざを屈伸していると、私の何倍ものエネルギーで大きくひざを屈伸させている子がいます。私の動きが移っているのですが、それを拡大しているのです。

一方で、ほとんどからだが動かない子もいます。でも、その子はわたしの動きをちゃんと見ています。「あの子のからだの中にも、きっと今リズムがたくわえられているんだな。」と思います。

リズムをやる場所に集まって来ると、すぐにくるっとターンする子がいます。私は、その子の動きをもらい、拡大し、腕を遠くまで伸ばしてターンします。それはまた子どもに移っていきます。

リズム表現の指導で大事なことは、二つだと思います。子どものからだをどのくらいちゃんと見て、子どものリズムを受け取ることができるかと、自分がどのくらい生き生きと表現することができるかです。

岐阜の美濃保育園の先生たちの、からだを使い切った表現を見て帰った私が、「おむすびころりん」でおじいさんが山に登って行く動きを、ももを高く上げひざとつま先のばねを生かした歩き方に変えると、子どもの動きが瞬時に変わり、私より大きく動く子どもが出てきました。私は、あまりにあっけなく子どもが変わったことに驚きました。自分が変われば、子どもも変わるのです。

言葉で子どもの動きや表現を拡大することもあります。めだかになって泳いでいるイメージで子どもが走っている時、「めだかは足音立てないよ。」と言うと、それだけで子どもの動きは、つま先を意識したものに変わります。

「スイミー」で大きな魚を追い出した時の子どもの喜びの表現が浅いと感じて、「今の喜びは、お菓子をもらったくらいの喜びだな。今までこわくてずっと岩陰にかくれていた魚たちが自分たちの力で大きな魚を追い出した喜びなんだよ。」と話すと子どもの表現は一変しました。

自分が一つの動きに対して、そして一つの物語に対してどのくらいの深さのイメージをもっているかということが、子どもの表現を見る目につながります。子どもの今の表現が見えるのと同時に、もっと高い表現への願いが生まれます。子どもへの願いがはっきりしている時、私の言葉は子どもに伝わるようです。

Ⅱ　二十四年度園だより・ともだちの森

六月　伸びていく子どもたち

五月の一番大きなニュースは、園庭に出られるようになったことです。芝の育成のために四月いっぱい待っていたのですが、ゴールデンウイーク明けからようやく園庭で遊べるようになりました。

まず感じたのは、子どもの表情が伸びやかになり、トラブルが減ったことです。砂場で夢中になって砂遊びをしていたり、芝生の山に上ったり、滑り台を楽しんだりしている子どもの姿は、見ている私たちの心も明るくしてくれました。

滑り台には、はしご、階段などいくつかの上り方がありますが、前日にはできなかった子がふと見るとできるようになっています。芝生の山を一人がごろごろ転がって下りると、たちまち何人もの子が同じことをやり始め、頭を下にして滑り降りる子も出てきます。

そして、小さな庭ですが、アリが巣穴に入って行ったり、クモが巣をはろうとしていたり、ダンゴ虫がまんまるになっていたり、と予想以上に豊かな自然を子どもたちは発見します。
ひよこ組やりす組のお友達も、砂遊びをしたり山に上ったり、それぞれに、日の光、芝や砂の感触を楽しんでいます。この園庭での遊びや発見は、子どもたちの心に、深く長く刻まれるのではないかと思います。

四月に初めて子どもたちに歌を歌ってもらった時は、ほとんど声が出なかったのが、今では、せいいっぱい大きな口をあけ、大きな声で歌う姿が見られます。「先生、スキップできるようになったよ。」と言ってうれしそうにやって見せてくれる子どもたちもいます。０歳や一歳の子どもも、保育士が歌を歌ってあげると集中して楽しそうに聞いてくれます。

そして、年上の子どもたちが、散歩に行く時など、年下の子どもたちを本当によく気遣ってくれ、年齢が異なる友達との遊びも増えてきています。

自己主張ができるようになるにしたがって、子どもたちのぶつかりあいも起きてきています。これも一つの成長ですが、まだ保育士がケアしないと解決は難しいです。子ども同士の遊びのつながりも、もっと深く、広くなってほしいという願いはあります。六月後半からは縦割りグループの活動も始めたいと考えています。そこで、また子どもの新しい姿が見られるのを楽しみにしています。

七月　子どもを見る目

子どもが初めて立った時、歩いた時、言葉を話した時。長く記憶に刻まれる瞬間ですね。

でも、保育園で子どもたちを見ていると、もっと小さなことで「〇〇ちゃんが初めて〇〇した時」ということは、毎日のようにあります。

初めて、笑顔でお母さんに「行ってらっしゃい」というように、手をふることができた時。初めて、大きな口をあけて歌を歌えた時。初めて片足で立てた時。滑り台のはしごになっている方から初めて上れた時。初めて「なんで?」という言葉を使った時。初めて、お友達といっしょに遊んだ時。会話の中にお友達の名前が初めて出てきた時。

……

このように考えてみると、一人の子どもが人間として成長していくまでには、数えきれないくらいの「初めて」があることがわかります。そして、私たち保育者や、お母さん、お父さんたちが、子どもの言葉、運動機能、人間関係などに、よりきめの細かい視点をもっているほど、子どもの成長に感動する場面がふえるのではないでしょうか。一人の子どもが成長していく「時」は一回限りです。私たちはその貴重な瞬間に立ち会わせてもらっているのですから、ともに喜び、感動しながら子どもを育てていきたいと思います。

ほめるチャンス

ほめられて育った子どもは、自分に自信をもって、いろいろなことにチャレンジするようになり、素直になっていきます。では、子どもをほめることが多くなるようにするにはどうすればいいのでしょう。一つ、簡単なこつがあります。「指示の言葉をできるだけ減らす。」ということです。

「手を洗ってきなさい。」と言いたくなった時、ちょっと待って子どもを見ている。そして子どもが手を洗いに行ったら「えらいねえ、手を洗ってきて。」とほめてあげる。「パジャマにきがえて。」「おちゃわん片づけて。」一日を振り返ると、子どもに何かを指示している場面は、かなり多くなると思います。でも、それのすべてが、本当に「言われなければわからないこと」でしょうか。一呼吸待つだけで子どもが自分で考えてできることもありそうな気がします。待つこと、ほめることは、子どもの自発性を育てることにもつながります。私たちもできるだけ「指示の言葉」を減らし「ほめる言葉」を多くしていきたいと思います。

八月　七夕の願いによせて

玄関に、みんなの願い事をかけた笹が飾ってありました。

「ざらめせんべいをいっぱいたべれますように」「ケーキやさんになりたいです。」「てつぼうがじょうずになりたい」「プールにいっぱいはいれますように」「ダンプトラックやショベルカーにのりたい」「ドーナツをたくさん食べられますように」「カブトムシをつかまえたい」……これらは子どもたちの願い事。

「げんきでおおきくなれますように」「みんながえがおでいられますように」「〇〇が

いつも元気にスクスクと育ちますように」「保育園で元気いっぱいに過ごせますように」「みんながげんきでしあわせでありますように」「友達にやさしく思いやりをもてる女の子になりますように」……これらがお母さんたちの願い事。

笹の香りにつつまれながらこんな願い事を読んでいると、心が温かく満たされてきます。

今の日本は、必ずしも子どもを育てやすい社会とは言えないでしょう。柏女霊峰という方は、少子化傾向がとまらず、児童虐待の件数が毎年増加している今の社会を、「子育ての苦労が喜びを上回り、厭われていく」社会と表現し、「子育ち、子育て、命を育むことが正当に評価される」「連帯と共生」の社会へ移行することが求められていると書いています。

でも、保育園で毎日子どもたちを見て、お母さんやお父さんたちに接していると、そしてそんな中で七夕の願い事を見ていると、今お母さんたちが、苦労しながら子どもを育てていることが、そのまま「子育ての喜びが苦労を上回る」「連帯と共生の社会」につながっているような気がします。そして保育園で子どもを守り、育てていく今の私たちの仕事も、家族の方とともに「子育ての喜びが苦労を上回る、連帯と共生の社会」に少しでもつながる仕事なのではないかと思えてきます。

喜びの量と苦労の量は、たぶん数字で比べられるようなものではないでしょう。自分の心をどちらに向けるかで変わってくるような気がします。そして私たちの心を支えてくれるのは、子どもの笑顔と、毎日の生活でつながっている人たちの「連帯と共生」のまなざしなのではないかと思います。

※柏女霊峰さんは、保育研究者で淑徳大学福祉学部教授。子ども・子育て新システム検討会議など、日本の福祉・保育行政にも深くかかわっている方です。

九月　夏の思い出――夕涼み会――

夕涼み会が近づくと、ともだちの森保育園には手作りの提灯やうちわが飾られ、先生と子どもたちがいっしょに魚釣りの魚を作っていたり、盆踊りを練習したりしていました。もうすぐお祭りという雰囲気がいっぱいです。

そして当日。夕方次々に園にやって来る子どもたちの姿も、いつもと少し違っています。かわいい浴衣を着ていたり、髪がいつもとちょっと違ったり。先生たちもそろいのはっぴを着ています。

盆踊りが始まり、魚釣り、輪投げ、お化け屋敷などのアトラクションもいっぱい。子どもたちの顔も、お家の方たちの顔も、にこにこして本当に楽しそうでした。先生たちの声も弾んでいます。あちらこちらで名前を呼びあう声が聞こえ、園全体が大きな家族のようでした。

お家の方から有難い感想をたくさんいただいたので、少し紹介させてください。
○保育園の夕涼み会にはじめて参加したのですが、あんなにいつもの保育園が楽しい雰囲気にできるものなんですねー。……お化け屋敷楽しかったです。来年も行きたいです。
○とても楽しかったです。いろいろ工夫されていて、子どもも「楽しかったぁ」と大喜びでした。先生たちの愛情いっぱいの夕涼み会で、本当にこちらの保育園に入れてよかったなぁと思いました。来年も楽しみにしています。

○全てに手作り感があふれ、その空間にいるだけでとても幸せな気持ちになりました。子どもたちの作品もたくさん見られ「みんなの」夕涼み会という感じが良かったです。子どもたちもにこにこと楽しそうにしていました。お茶のサービスも嬉しかったです。日々こうやって先生方に愛されて育てていただいていることを実感でき、本当にありがたいです。……

十月　初めての運動まつり

今年の四月に開園したのですからどの行事も初めてに決まっているのですが、運動まつりは、準備にも時間がかかる大きな行事なので、「初めての運動まつりを、子どもたちと職員と保護者の方が力を合わせてやった。」という感じが強くします。

特に、子どもたちのがんばりと成長には、心をうたれました。運動会後の職員会議で子どもたちについて話し合った中から、いくつか紹介してみたいと思います。

ひよこ組

笑顔がたくさん見られた。子どもたちにとって全く新しい経験だったが、お父さん、お母さんといっしょに踊ることを楽しめた。自由参加の玉入れにも参加できる子がいてよかった。

りす組

夕涼み会の時は、当日緊張してほとんど踊れなかったのが、運動まつりでは笑顔で踊る姿も見られた。お家でお母さんの前で踊ったという話を聞いたのもうれしかった。家庭で楽しんでいる様子がわかった。運動まつりが、子どもの様子を保護者の方と話すきっかけになったのもよかった。

こあら組

練習に無理がなく、楽しくできた。待つことができるようになってきた。どこで自分が参加するのかということもわかってきた。自分が出ない種目も応援するようになった。お兄さん、お姉さんの姿を見て自分もやろうという思いを持つことができた。

うさぎ組

みんなでやることの楽しさ、協力することの大切さをわかってもらいたくて取り組んだが、パラバルーンなどをやる中で子どもたちもそのことがわかってきたと思う。パラバルーンが一番楽しかったという子が多かった。

きりん組、ぞう組

体力がついてきた。「人に見せる」という意識「ちゃんとするとかっこいい」という意識が出てきた。一つのことに取り組む時間が長くなった。

夏のような暑さの中で、子どもたちはだれることもなく最後までやりきりました。それを支えたのは、保護者の方と職員の笑顔だと思います。大人が明るさを持ち続け、子どもを励まし続けることが、子どもの元気のもとなんだということがよくわかりました。暑い中、本当にありがとうございました。お家の方の感想に、とても楽しかったというものが多かったことも、うれしかったです。また、いくつか紹介させてください。

○子どもたちがダンスやかけっこなどを最後までやりきれているのを見てとてもがんばって練習をしてきたのがよく分かりました。又、子どもたちが生き生きと輝いて笑顔で終えたのを見て、先生がたが一人ひとりをとても大切にしてくれているとわかりあたたかい気持ちになりました。

○まず初めに子どももいっしょに作ったうちわのプログラムを頂き感動しました。……最後に頂いたメダルはとても喜んでいました。気にいってなかなかはずしてくれませんでした。一つ一つのモノにデザイン性が高く手間と時間と心がこもっていました。……。

○……子どもたちのお遊戯もかわいらしくみんな一生懸命に演技している姿がとても良かったです。……「ああ、こんな事ができるようになったんだなぁ」と思わず生まれた時はこんなに小さかったのに……といろいろな事が頭を巡りました。……。

寄せていただいたアンケートの中には、時期をもう少し涼しい時にずらした方がいい、集合から開始までの時間が長すぎたなどいくつかの改善意見もありました。来年に向け、検討していきたいと思います。

子どもたちががんばったのは当日だけではありません。暑い中をひかり保育園まで往復する道で、明るくおしゃべりしながら友達を励ましていた子どもたち。練習の中で立ち位置を教え合っていた子どもたち。ダンスの中で元気に声を出していた姿。思い切り走ってゴールに飛び込んできたかけっこの練習、目の色を変えて跳び箱を飛び越していた表情など、いくつものシーンが目にうかんできます。そして運動まつりが終わった翌週、子どもたちの姿は、以前より少したくましく見えました。

十一月　「ともだちの森保育園」は、何をめざし、どういう保育をしているのか（1）

入園の時お渡ししたしおりには、ともだちの森保育園の理念と目標が書かれています。

子育ては、家庭と保育園が力と気持ちを合わせなければできませんから、保護者の方に園の理念や目標を知っていただくことはとても大事だと思います。でも四月の段階では、私たちも、言葉で説明することはできても、子どもや保育の事実とつなげてお話しすることはできませんでした。そこで、今月から数回にわたって、ともだちの森保育園の理念と目標を、保育の事実とつなげてお伝えしたいと思います。

理念「すべての子どもの最善の利益のために」

保育園にはいろいろな役割や目的があります。保護者の方の就労を助けるということは大きな目的ですし、保育園の職員がやりがいをもって仕事をするということだって一つの目的でしょう。でも、何が一番大事かと言えば、大人ではなく子どもの利益、それも「すべての」子どもの利益だということです。では、子どもの利益とは何か。

「全国保育士会倫理綱領」の前文にはこんな言葉があります。「子どもが現在（いま）を幸せに生活し、未来（あす）を生きる力を育てる……」。日々の保育の中で、子どもが、現在（いま）を幸せに生活しているか、未来（あす）を生きる力を育てているか、この二つはどちらが欠けてもいけないのだと思います。

園庭で、秋の日差しを浴びて子どもたちが遊んでいます。芝生の山を転がり下りている子。ダンボールで滑っている子、滑り台をやっている子、砂場で遊んでいる子。笑顔がはじけ、からだがはずんでいる子どもたちを見ながら、私たちは、一人でも、さびしそうにしていたりぼんやりしていたりする子がいないか、全体を見て、もしそういう子がいたら見守り、必要なら声をかけなければいけないのだと思います。それが「現在（いま）を幸せに生活する」ことでしょう。

そしてもう一つの視点は、夢中になって遊んでいる中から、子どものどんな力が育っているかということです。一人でボールをかかえて走りまわり、他の子に渡そうとしなかった子が、相手とボールをやり取りして楽しむようになる瞬間、今まで上れなかった滑り台に一人で上れた誇らしげな喜びの表情。こういう子どもの育ちを見つめ、支えることがわたしたちの仕事です。

子どもの現在（いま）が幸せかどうかということ。未来（あす）を生きる力が育っているかどうかということ。この二つのことを保証することが「子どもの最善の利益」なのではないでしょうか。それは、園の生活のあらゆる場面で見ていかなければならないし、家庭でもそういう目で子どもを見ていただけると有難いなと思います。

目標一、全ての子どもが、自分の流れで園生活を楽しむ

「自分の流れで園生活を楽しむ」とはどういうことか。

今、ともだちの森保育園では、たとえば朝の会を始める時、部屋中に聞こえるような声で「朝の会を始めます。集まってください。」というような声かけをしません。担当の保育士がだまって朝の会をやる場所に座ります。すると、それに気がついた何人かの子どもが集まって来る。遠くのテーブルからその様子を見て、いっしょに座っている子に「朝の会始まるよ。」と教えている子もいます。なかなか気づかない子には、担当以外の保育士がその子のそばに行って教える。気持ちの切り替えや今まで使っていたおもちゃの片づけにかかる時間は一人ひとり違いますから、集まる時間にはずれがありますが、最終的にはみんな集まります。

なぜこんなやりかたをしているのか。合図や号令で子どもを集団として動かすのではなく、自分で気が付く子になってほしい、声をかける時は一人の子どもにかけたい、という気持ちがあるからです。

0・一歳児の部屋では、お昼寝の時、全員のふとんを前もって敷いておくというやりかたから、眠そうな子どもの様子を見てその子のふとんを敷いてあげる、というやり方に変えました。眠くなると、ふとんがしまってある倉庫の戸に手をかける子がいます。自分のふとんを敷いてもらうとうれしそうな顔をする子がいます。以前のやりかたをしていた時より、子どもの意志や感情がはっきり出るようになったと思います。「自分の流れで園生活を楽しむ」ということは、保育のやりかたから見ると、子どもを集団としてではなく個人として見る、接するということになるのではないでしょうか。そして子どもから見ると、一人ひとりが、自分の意志や思考力を使い、感情が表現できるような生活になるのだと思います。

十二月　「ともだちの森保育園」は、何をめざし、どういう保育をしているのか（２）

十一月の園だよりに続き、ともだちの森保育園の目標を、保育の事実とつなげながらお伝えしたいと思います。

目標二、全ての子どもが、無理なく自立への道を歩む。

園のしおりにのっている、この目標の解説には「食事・排泄・着脱衣・清潔・あいさつなどの基本的生活習慣の芽生えを養いつつ、適切な生活習慣の基礎を養う」とあります。では、日々の保育の中で、どのようにしてこの目標に向かっているのでしょうか。

一つの原則は、「大人が見本を見せる」ことです。ともだちの森保育園では、食事の時、できるだけ保育士も子どもといっしょのテーブルで食べるようにしています。おいしそうに食べる、上手に箸を使う、会話を楽しむなど、大人の食事のしかたが魅力的であれば、それは必ず子どもに影響します。毎日毎日見ていることで、子どもには正しい、そして楽しい食事のしかたがインプットされていくのです。子どもに会えば、大人からあいさつをします。目を合わせ、楽しそうにあいさつをすれば、子どもに、あいさつするのは楽しいことだ、という感覚が生まれます。帰る時に事務室をのぞいて「さようなら。」と声をかけていく子どもたちを、お客さんが「ここの子どもたちはよくあいさつをしますね。」と言ってくれました。

私たちの尊敬する保育者桑戸先生は、良い保育士の条件の一つとして「楽しそうにごみを拾える人」ということを挙げていました。自立に必要な生活習慣を、大人が楽しそうに行うということは、子どもが無理なく自立への道を歩むために大切なことだと思います。

二つ目の原則は「ほめて育てる」ことです。靴をぬいでいる子に「次は靴したをぬぐんだよ。」と指示をするより「上手に靴がぬげたね。」とほめてあげる方が、子どもは、意欲と自信をもつようになります。「生活習慣」は、毎日必ずやらなければならないことですから、その一つ一つをほめて身に付けさせるようにすることは、子どもが無理なく自立への道を歩むために、大事なことです。では、怒ることはないのか。そんなことはありません。やってはいけないことは、繰り返し子どもに伝えて、身に付けさせなければなりません。でも、失敗を怒ってはいけないと思います。積極的に行動すれば失敗することはつきものです。失敗したことは、やり直し、後始末をすればいいことで、大人がそれを支えてあげればいいのです。

目標三、全ての子どもが、協力・協働の喜びを知る。

子どもたちは、どうやって人と協力すること、協働することの喜びを知っていくのでしょう。それは、まず第一に「友達と遊ぶ」ことによってだと思います。一人でおもちゃで遊んでいた子が、たとえば友達とままごとをするようになる。「はい。」と言っておもちゃの食べ物を差し出すと、おいしそうに食べてくれる。ただ走り回ることが喜びだった子どもが、おにごっこ、どろけいなど、ルールのある遊びを楽しむようになる。こういう遊びの中から、子どもたちは、友達と気持ちを通じあい、互いに役割を果たしながら行動することが、一人でいるより大きな喜びをもたらしてくれることを学んでいきます。

もう一つの「協力・協働」の機会は、生活の中でお互いに助け合うことでしょう。散歩する時は、年長の子が年下の子と手をつなぎ、道路の外側を歩きながら、楽しく歩けるように声をかけてあげている姿が見られます。もっと遊びたくてなかなか園庭から室内へ入ろうとしない子に、手をとって声をかけてあげている子がいます。だれかが泣いていると、そっとそばによって話しかけたり、必要なものを持って来てくれたりする子がいます。

遊びの中や生活の中で、共に過ごす喜びを知ったり、助け合い、人の役に立つ喜びを知ったりするためには、多様な集団への参加の機会が大切です。ともだちの森保育園では、子どもたちを同年齢のクラスの中だけで生活させることなく、異年齢の友達との交流が自然にできるような保育を行っています。その中で子どもたちは、自然に、年下の子をいたわり、年長の子に学ぶことができるようになっていると思います。

一月　ともだちの森保育園は、何をめざし、どういう保育をしているのか（3）

明けましておめでとうございます。新しい年が始まりますね。今年も、職員みんなで力を合わせ、保護者の方々と協力して、より良い保育をめざしていきたいと思います。今回は、園の保育をお伝えする最終回です。

目標四、すべての子どもが、自然・社会に積極的にかかわる

子どもたちが、どのように自然にかかわっているのか、社会にかかわっているのか、具体的にお話してみたいと思います。

（自然とのかかわり）

季節によって、園庭はいろいろな顔を見せてくれます。石をひっくりかえして、ダンゴ虫を探していた春、高くしげった草の間をバッタがはね、蝶がとんでいた夏、とんぼが群れをなしてとんでいて、年長の子が虫取り網をふりまわしていた秋の初め、そして樫の木から落ちる固くて小さなどんぐりをみんなが集めていた秋の終わり。

初めは、芝の感触に驚き、手をひっこめる子もいた0・一歳児が、芝生の山を這って上り、やがて歩いて上るようになりました。二歳児以上の子どもたちは、ごろごろ転がって山を下りて来たり、かけ下りて来たりしています。山の上であおむけに寝転がり、空を見上げることもあります。

散歩にもたくさん出かけています。玄関で子どもたちを迎えると、色づいた大きな葉っぱを渡してくれる子がいます。公園では葉っぱをたくさん集め、シャワーのようにまき散らしたりもしました。

大人が自然に対して目が開かれ、感覚が開かれていれば、子どもも自然に積極的にかかわるようになるのではないでしょうか。子どもが見つけた小さな自然に共感すること。(「わあ、大きな葉っぱ。」「ダンゴ虫ってほんとにまんまるくなるんだねえ。」) 大人が見つけた自然の美しさや面白さを伝えていくこと。(「見て。雲がすごくきれい。」) これからも、子どもたちといっしょに、自然に触れて楽しんでいきたいと思っています。

(社会とのかかわり)

小さな子どもにとって、社会とはなんでしょう。それは、家族以外の人たちに、自分が世話になっていることを感じたり、自分がだれかの役に立っていることを感じたりすることではないでしょうか。

毎日子どもたちは、自分たちの食事を作ってくれる厨房の方たちに「ごちそうさまでした。」と言いながら食器を片づけています。食事の後には、テーブルをふき、水がこぼれれば床をふいています。年長児は、お昼寝の時間にプールそうじの手伝いをしてくれたりしたこともあります。散歩に行って近所の人たちに出会えば、保育士といっしょに「こんにちは。」とあいさつをしたりもしています。

このような身近な経験を積み重ねることが、学校に入ってから社会のしくみについて学んだり、活動の範囲を広げていったりする基礎を作っているのだと思います。そして、自然とのかかわりと同じように、子どもは、大人のあいさつのしかた、仕事のやりかたなどを見て、自然に、自分が社会とかかわるやりかたを身に付けていくのだと思います。

目標五、すべての子どもが、自分なりに表現を楽しんで発表する

ともだちの森保育園では、毎週、子どもたちがリズム遊び、オペレッタ、造形活動などをしています。子どもたちが、これらの活動を楽しむようになる条件はどんなことでしょう。

一つの条件は、大人が、歌うことを楽しみ、踊ることを楽しみ、絵を描くこと、もの

を作ることを楽しんでいることだと思います。大人の楽しそうな表情や動きは、必ず子どもに影響します。

二つ目の条件は、魅力的な教材、素材です。思わず踊りだしたくなるような歌、面白い話の展開。絵具や粘土などの新しい素材や、おもちゃのカメラを作るためのいろいろなかたちのたくさんの空き箱。こういう子どもを惹きつけるものを用意するのが保育者の仕事です。

そして三つ目の条件。それは、大人が一律の目標をもつのではなく、それぞれの子どものよさ、一人ひとりの表現を本気で認め、喜ぶことです。技術的に上手に絵を描く子や上手に歌える子だけを認めるようでは、すべての子どもが自分なりに表現を楽しむことはできません。

子どもは、自分の絵や工作が飾られるとうれしそうです。友達の作品もよく見ています。この前は、三～五歳児が「三枚のおふだ」のオペレッタの練習をしている時、二歳児が座ってじっと見ていました。そして二月には、子どもたちのダンスや歌、オペレッタなどを、ぜひ保護者の方々の前で発表したいと思っています。発表の時も、上手下手や当日の出来不出来で子どもを見るのではなく、一人ひとりの個性と、表現に向かっている姿を喜び合っていきたいと思っています。

二月　子どもの成長する力

冬のやわらかな日が注ぐ園庭で、０・一歳児が遊んでいました。一人の子が滑り台の階段を上って行きます。でも、滑って下りて来るのはまだ怖いらしく、また階段を下りてきました。後ろ向きになり、指でしっかり手掛かりをつかんで下りて来ます。と思うと、また上って行きました。一段の高さは、その子のひざくらいあります。大人でいうと、椅子の座面くらいでしょうか。全身をやわらかく使いながら、その子は十回ぐらい階段の上り下りを繰り返し、満足したのか、砂場の方へ行きました。

私は感嘆して見ていました。ひざの高さの段差がある階段をあれだけの回数上り下りするというのは、アスリートの意識的な身体訓練にあたるような運動量なのではないでしょうか。自分の運動能力を使うこと自体が喜びであり、そのことで自然に体力も調整力もついていくのでしょう。

運動能力だけではないと思います。私は、最近読んだ『哲学する赤ちゃん』（アリソン・コプニック）という本を思い出しました。コプニックさんは、次のように書いています。

「わたしたちはいかに世界を知りえるのか？　というプラトンの問いを探求するうちに、なぜ子どもはしつこく実験的な遊びを繰り返すのか、なぜ飽きずに観察や人まねを続けるのかという謎も解けてきました。うちの一歳の子は、なぜ何にでも興味を持つのか？　うちの二歳の子は、なぜわたしの服のボタンを執拗に押そうとするのか？　うちの三歳の子は、なぜ変なものばかり拾い集めるのか？　それは幼児というものが、物理的世界と心の世界の因果構造をすばやく正確に学ぶようにつくられているからなのです。」

大人は、自分の思考力や体力を、やらなければならないことだけに限定して使いますよね。そうしなければ生きていけないから。でも子どもは、あらゆることに興味をもち、自分の思考力や体力を惜しみなく使います。子どもが大人に勝る想像力と学習能力を発揮できるのは、抑制のない開かれた心をもっているからです。

私たちは、子どもが「手のかからない、いい子」になることを求めて、早く小さな大人になることを要求していないでしょうか。子どもの「成長する力」が一番発揮されるのは、自由に遊んでいる時なのです。子どもが、貴重な子ども時代を十分に生き切ることができるように、愛し、育てていくことが、私たち大人の仕事なのだと思います。

子どもの表現をどう見るか

今、「ともだちの森フェスティバル」の練習をしています。一月二十四日には、当日の舞台（と言っても、いつもの保育室の机を片づけて空間をあけただけですが）でやってみました。そこには、さまざまな子どもの姿が見られます。にこにこしてうれしそうに歌っている子。きりっとした顔でせいいっぱい表現している子。まだとまどいながら動いている子。いつもと違う雰囲気に、緊張して泣き出してしまった子。

子どもたちの表現は、毎日変わります。初めてわずかな動きで表現できた子が、ほめられて大きな生き生きとした動きに変わることもあります。前日はのびのびと動いていた子が、その日はさっぱり動けないということもあります。

では、それを見る私たち大人は、何ができるのか。大事なことは、子どもの今の姿をしっかり受け止め、大きな拍手を送ったり、適切な励ましの言葉をかけてあげたりすることでしょう。大人の笑顔が、子どもの表現には一番の栄養です。友達と比べたり、大人の基準で判断して、がっかりした顔を見せたりしては、子どもの表現はしぼんでしまいます。これは、フェスティバルの当日も全く同じだと思います。一生懸命な姿や嬉しそうな表情は、惜しみなくほめてあげてください。その日にうまくできなかった子どもだって、練習の過程では、いっぱい楽しんだり、自分のからだと心の中に栄養をためこんだりしているのです。「よくやったね。」と励ましてあげましょう。芽は、いつか必ず出ます。水をやり続け、光を差し続けることが大人の役割だと考えたいですね。

三月　ともだちの森フェスティバル

フェスティバルの日は、ご家族の方に大勢おいでいただき、暖かい雰囲気を作っていただいてありがとうございました。

今年のともだちの森フェスティバルには、いくつかの特色があったと思います。

一つ目は、子どもたちの自主的な動きです。四・五歳児を中心にした自然な流れでの進行。入場から退場まで、子どもたちが自分で舞台に出て来て、位置を決め、発表が終わると自分たちで退場して行ったこと（先生と手をつないで入って来た０・一歳児も、手をつないで自分で歩いて来たという感じがしました）。何よりも、踊ったり、歌ったり、せりふを言ったり、そして返事をしたり、マットや跳び箱などの発表をしたりしている子どもたちの表情が、明るく、楽しそうで、自分を表現できる喜びに満ちていました。

二つ目は、人と人との交流の暖かさです。まず子ども同士の交流。名前を呼ばれる友達をうれしそうに見たり指さしていたりした0・一歳児、友達を一生懸命応援していた二歳児、せりふがなかなか出てこなかった友達をちゃんと待っていたり、前で歌っている二歳児を後ろから支えるようにしっかりした声を出していた三～五歳児などの姿は、今も心に残っています。

そして、ステージと客席との交流の暖かさ。0・一歳児が、大勢の人の前で泣かずに返事をしたり手遊びをしたりでき、二～五歳児が伸び伸びと自分を表現できたのは、見てくれた家族の方の表情の暖かさのおかげだと思います。本当にありがとうございました。

この二つの特徴は、日常の保育の姿とつながっています。子どもたちの意思や気持ちを大事にして保育を進めてきたことが、フェスティバルでの子どもたちの自主的な動きにつながってきたのだと思います。そしてともだちの森保育園では、普段から、同年齢だけではない交流の場がたくさんあります。異年齢の友達ともいっぱい遊び、担任以外の先生とも深くかかわっています。お迎えに来てくれる、他の子のお家の方の顔も覚えているし、ご家族の方も子どもたちの顔と名前を憶えてくれています。こういうことが、当日の暖かい雰囲気の原因になっていたのではないでしょうか。

アンケートに書いていただいた、保護者の方の豊かな言葉にも感動しました。私の文などより、ずっとやさしく鋭く大事なことを書いてくださっているものがたくさんありました。自分の子どもだけでなく、みんなの子どもを見てくださっている方が多かったことも有難いです。紙面の関係でほんの少しになってしまいますが、紹介させてください。

○子どもたちの声で、子どもたちのリズムで進められていくプログラムに感動しました。……「発表会」という切り取った時間でなく、今まで練習したり、楽しく声を出してフェスティバルにむけて作ってきたみんなの「時」を共有させてもらった。そんな感覚でした。……キラキラした宝箱のような素敵なフェスティバルでした。……。

○……そして何より他の子どもたちがのびのびイキイキ堂々と色々な発表を見せてくれ、涙腺がゆるみっぱなしでした。……一番良かったのは、泣いたり笑ったり歌えなかったり……そんな子どもたちをそっとサポートしたり見守って待ったりする、先生方と子どもたちの信頼関係が沢山かいま見られたことです。……。

ともだちの森保育園は、もうすぐ一年目を終え、子どもたちも進級します。新しい仲間も迎えます。子どもたちの自発的な動きと、人のつながりの暖かさという、芽生えた二つの特徴を大事にしながら、今まで以上に、やさしく、たくましい子どもたちを育てていきたいと思っています。

Ⅲ　二十五年度園だより・ともだちの森

四月　新年度の出発

一年前、希望を胸に抱きながら出発したともだちの森保育園も、二年目、新しい年を迎えます。子どもたちの、日々成長する姿と、見守ってくださる保護者の方々の暖かさに支えられ、私たちの仕事も、少しずつ確かなものになってきたのではないかと思います。

子ども一人ひとりの意欲や意思を大切にして保育を進めること、全部の保育者が子どもたちみんなを見て、保護者の方と力を合わせて保育をすることに、より一層力を尽くしていきたいと思っています。今年度は、年齢ごとの担任ではなく、年度初めから、0・一歳児の担当、二～五歳児の担当という体制で保育を行っていきます。

卒園式を終えて

三月二十三日の土曜日、ともだちの森保育園第一回卒園式を無事終えることができました。四人のぞう組の子どもたちは、一年目のともだちの森保育園で、リーダーとしてずっと活躍してきてくれました。そしてその中で、一人ひとりが自分のよさを発揮し、それぞれに個性を伸ばしてきたと思います。それが見事に表れた卒園式でした。

廊下には、四人の、本当にその子らしさが表れた絵が展示され、式の中では、四人それぞれが自分の思いのこもった言葉を話してくれました。全員のソロを含めた歌声は、四人の声とは思えないくらい、よく響き、気持ちがこもっていました。

卒園児を送るきりん組とうさぎ組の子どもたちも立派でした。式の間、ずっと座ってちゃんとお話を聞き、卒園児を送る言葉と歌も、一生懸命話し、歌ってくれました。保護者の方々も、暖かく子どもたちを見守り、支えてくれました。子どもたち、保護者の方々、職員の気持ちが一体となった、いつまでも思い出に残る卒園式だったと思います。

五月　新しい仲間を迎えて

四月は出会いの季節です。ともだちの森保育園も、たくさんの新しいお友達を迎えました。

お母さんと別れるのが悲しくてなかなか泣き止まなかった0歳児の子どもたちも、保育士に抱かれながら少しずつ気持ちが安定し、ミルクを飲み、ごはんを食べ、眠ることができるようになって、園での生活に慣れてきます。まわりにあるおもちゃに手が伸び、遊び始めます。そしてある時、保育士と目があったり、遊んだりしている時に、見ている人の心が明るく、暖かくなるような素敵な笑顔を見せてくれるようになります。

一歳児以上の新入園の子どもたちも、昨年度から続いて生活している子どもたちも、それぞれに新しい環境に入り、初めのとまどいを超えて、成長した姿を見せてくれています。

自分たちでたくましく遊びながら、しょっちゅう0歳児のそばに行って、頭をなでたりあやしたりしている一歳児。新しく生活するようになった二階の広いスペースで、水を得た魚のように生き生きと活動している二歳児。それぞれに成長しながら、一人ひとりの個性が輝いている三歳児。自分の意思がはっきりしてきて、人に伝えることも上手になってきた四歳児。そして、園の新しいリーダーとして力を出してきた五歳児。

それぞれの輝きと、めざましい成長を見守ることができるのは、わたしたち職員の大きな喜びです。これからの一年間、子どもたちとともに、そして保護者の方々と手を携えて歩み続けていきたいと思っています。よろしくお願いします。

ある日のリズム遊び

ともだちの森保育園では、週に二日くらい、二歳児以上の子どもたちがリズム遊びをしたり歌を歌ったりしています。四月からは一階のかしの木ホールでやっているのですが、0歳児や一歳児の子どもたちが、よく見ていたり、時にはいっしょに動いたりしています。

ある日、四・五歳児がスキップをしたり歌ったり、歌いながら踊ったりしているところを、四月に入園したばかりの一人の0歳児が、ホールの真ん中に座って見ていました。いつもは、保育士に抱いてもらいたくて手をさしのべて泣くことが多かったその子が、お兄さんやお姉さんが歌ったり踊ったりするのを、大きな目でじいっと見ていました。からだでリズムをとったりしながら、なんと二十分以上集中して見ているのです。

四・五歳児は、ホールいっぱいに広がってステップをふんだりしているのですが、だれ一人真ん中に座っている0歳児にぶつかりません。にこにこしている0歳児をのぞきこんで頭をなでている子に「お兄さんたちの歌を聞いて喜んでいるよ。いい声を聞かせてあげて。」と言うと、いっそうはりきって歌ってくれました。見ている0歳児の集中力と、自由に歌ったり踊ったりしながら小さい子に全くぶつからない四・五歳児の感覚の鋭さに感動してしまいました。ともだちの森では、同じ年齢の子どもを固定したクラスを作らず、異年齢の子どもたちがいっしょに活動することが多いのですが、その中で育まれる子どもの力をはっきり見ることができたと思います。

六月　子どもが育つのに一番大事なこと

――ともだちの森保育園では何をめざしているのか――

子どもが育っていく時に、（親や保育士の立場で言えば、子どもを育てていく時に）一番大事なことって、何でしょうか。

人間が生きていくには、すごくたくさんのことが必要ですよね。食べる、着替えるなど、身の回りのことが自分でできるようになることも大事だし、子どもの将来のことを考えると、早いうちから色々な習い事をさせた方がいいのではないか、と考える方もいるかもしれません。

でも、人が（子どもも、大人も）生きていくのに一番大事なことは、「自分らしく生きる喜び」と「人とともに生きる喜び」がバランスを保ちながらともにあることではないでしょうか。

「自分らしく生きる」ということは「自分の思い、自分がやりたいことを、表現し、実現する」ということでしょう。そして「人とともに生きる」ということは「相手の思いを大事にする、人とのつながりを大事にし、人の役に立つことを喜ぶ」ということではないでしょうか。この二つは、どちらも人が生きていくのになくてはならないものですが、ぶつかることもしばしばあります。でもうまくいけば、自分らしく生きていることで人の思いも大事にできるようになり、人の役に立っていることで自分がより充実するというつながりにもなります。

一歳の子どもが、友達が持っているおもちゃがほしくて「貸して。」と手を伸ばしました。たったこれだけのことでも、「これがほしい。」という自分の欲求がちゃんとある、そして、いきなり人が持っている物を取ったりせず、手を伸ばして「貸して。」と言葉で自分の思いを表現する、という心のはたらきが育っていることがわかります。

言われた子は、一瞬おもちゃを手ににぎりしめましたが、この時は手を伸ばした相手に自分が持っていたおもちゃを渡しました。いつもゆずってあげるのがいいわけではありませんが、この子にも、相手の気持ちがわかる、そして自分で決断して自分が持っていたものを相手に渡す、という心の働きが育っているのがわかります。そばにいた私が「○○くん、ゆずってあげたんだね。やさしいね。」と言うと、二人はにこにこしてハイタッチをしていました。

ともだちの森保育園では、同年齢の固定したクラスを作らず、クラス担任も決めていません。なぜでしょう。

クラスを固定すると、そのクラスの全員が同一行動をとらなければならない場面がふえます。みんながいっしょにいないと、担任が見ることができない子が出てくるからです。

でも、子どもは一人ひとり個性が違います。月齢の差だって大きい。やりたい遊びも違うし、お腹がすいたりねむくなったりする時間も違います。保育士がチームとして連携し、どの子どもも見るようにすれば、園庭で遊ぶ子を見ている人、室内での遊びを見ている人、昼ごはんの用意にかかる人、トイレのケアをする人、というように動き、子どもは自分の意思や欲求が実現しやすくなります。

もちろん、遊びに夢中になっている子を食事に誘ったり、園庭にいる子を室内に誘ったりすることはあります。でも「こあら組ごはんですよ。」と大きな声で言ったりはしません。子どもの様子を見ながら、必要だと思う子のそばに行って「そろそろごはんに行かない？」というように声をかけます。

異年齢の子どもがいっしょに活動する場面が多いので、年上の子が年下の子をいたわり、年下の子が年長の子にあこがれ、影響を受けるという場面が日常的にあります。散歩に行く時は、年長の子が年下の子と手をつなぎ、車道側を歩きます。いつまでも外で遊んでいる小さい子の手をとって中に入って来たりもします。折り紙でも、ブロックでも、リズム遊びでも、年下の子は年上の子の活動をどんどん取り入れて身に付けていきます。

実際には、まだ力不足で保育士の連携がうまくいかない場面もありますが、よりよい保育をめざして日々力をつくしていくつもりです。よろしくお願いします。

七月　ほめることは子どもの今の姿をお祝いすること

「子どもは、ほめて育てた方がいい。」という考えは、大事だと思います。でも、毎日子どもをほめるというのは、けっこう難しいことです。私も、なかなかできませんでした。

ある時「ほめるとは、ことほぐことです。」という言葉を聞きました。「ことほぐ」って聞きなれない言葉ですよね。辞書をひいてみたら「言祝ぐ」という字でした。「そうか。ほめるというのは、言葉でお祝いすることなのか。」と思ったら、「ほめる」ということを今までより広く考えられるようになりました。

人より上手にできたことや、お手本になるような行為をほめると考えたら、なかなかほめられない子もいます。でも、子どもの今の楽しい気持ちや、家族や友達に寄せる思いを、いっしょに喜び、祝うことがほめることだと考えたらどうでしょう。

「今日のごはん、おいしいね。」とか「お茶碗はこんでくれてありがとう。」とかいうような言葉は、今までの私の考えでは「ほめる」に入っていませんでしたが、「ほめる」ことが「子どもの今の姿を祝う」ことだとしたら十分あてはまりそうです。言葉だけでなく、子どもが楽しそうに遊ぶ姿をにこにこして見ていたり、遠くからこっちを見ている子どもと目があって手をふったりすることも、こういう意味の「ほめる」にならら入るような気がします。

そして、子どもと心がつながり、子どもの心の中に「自分らしく生きる喜び」や「人とともに生きる喜び」が育っていくためには、こういう「今の子どもの姿を祝う」言葉かけや表情が大事なのではないか、と思えてきました。

怒ることは大人の気持ちを伝えて子どもを変えること

では、ほめることが子どもを祝うことなら、怒るというのは、どういうはたらきなのでしょう。

子どもに笑顔を見せることが多い保育士も、こわい顔になることがあります。一歳の子どもが友達のおもちゃを取り、取られた子が泣いているのに平気な顔をしていました。保育士が、ちゃんと向かい合って、こわい顔と厳しい声で、「○○ちゃん泣いているよ。それでいいの。」と言うと、おもちゃを取って笑っていた子どもの顔がしゅんとなりました。保育士が怒ることで子どもの気持ちが変わったわけです。

でも、こんなこともあります。三歳の子が友達のおもちゃをひったくり、「返して。」と言われてもにぎりしめて離さなかった時、その子を抱きしめて「○○君もこれがほしいんだよね。でも□ちゃん悲しそうだよ。返してあげてほしいな。」と保育士が言ったら、にぎりしめていた手を開いて友達に差し出したのです。自分の気持ちを受け止めてもらったことで、友達の気持ちを考えるゆとりができたのだと思います。

怒る時って、子どもの気持ちと大人の気持ちがぶつかる時なんだから、そんなに簡単にはいかないし、マニュアルもない。真剣勝負みたいなものです。でも子どもは、大人の気持ちを受け止めて自分を変えていく力をもっています。怒るのは、大人の気持ちの発散ではなく、子どもと大人がぶつかった時に子どもの心を変えるためです。そのためには、厳しさが必要な時も、まず子どもの気持ちをうけとめることが先のこともあるのだと思います。

そして、ふだん子どもをほめて、にこにこしている人の表情が変わり、真剣になった時に、その人の気持ちが伝わるのではないでしょうか。

八月　夕涼み会

七月二十日（土）は夕涼み会、ともだちの森保育園の夏のお祭りでした。ゲームコーナーになる二階の保育室と、制作コーナーになるかしの木ホールには、子どもと先生で作った、一人ひとりの写真や名前が入っている提灯が下がって、祭りの雰囲気をもりあげています。写真や名前を見たり、子どもが描いた絵を見たりしていると、そこに子どもがいるような気がしてきます。お昼ご飯を食べながら、「○○ちゃんの提灯はどこにある？」と聞くと、ちゃんと知っていて教えてくれました。夕涼み会が終わった後も、二階に行くと、自分の提灯を指さして教えてくれる子が何人もいました。

夕涼み会が始まる四時前から、子どもたちが少しずつ保育園にやって来ます。毎日来ている保育園ですが、浴衣を着ていたり、来る時間が夕方の四時ごろだったり、何より保育園に着いてもお母さんやお父さんと別れず、いっしょに遊べるんですから、気分は全然違いますよね。そして保育園の中も、いつもとは違う空間になっています。テラスにはヨーヨー釣りと魚釣り、いつもお昼寝をする二階の部屋はお化け屋敷になっています。

ゲームコーナーの的あてのたまが穴に入ったり、魚が釣れたりした時の子どものうれしそうな顔。それを見ているご家族の方も、そして先生たちもとてもいい顔をしていました。保育園と家庭は、子どもの笑顔でつながっているんだなと改めて思いました。

今年は、お父さんやお母さんが出し物を手伝ってくれたのもうれしかったです。片づけまでいっしょにやっていただき、みんなで集まった時には、夕涼み会の幅が一段と広がったような気がしました。ありがとうございました。

もう一度、ほめることについて

子どもが初めて絵を描いた時、初めて食器の片づけを手伝ってくれた時、大人はうれしくてほめますよね。でも私は、最近ある人に「一回目でも十回目でも百回目でも同じテンションでほめてください。」と言われました。すごく難しいことですが、とても大事なことだと思います。私は、その言葉を聞いてから、子どもを見る目が少し変わりました。そして、子どもをほめる回数が多くなりました。

子どもをほめるのが、特別なことではなく、毎日、いつもできることであり、やらなければならないことなんだということが、少しずつ私のからだにしみこんできたような気がします。

九月　夏の思い出　――水と子どもたち――

お日様がぎらぎら照りつける日が続く夏。子どもたちの活動の中心は、やっぱり水遊びです。

ある日の午前中。０・一歳児の部屋の前のテラスにはビニールプールとたらい。園庭には幼児用の大きなプールに水がはられています。この日は、その他に親子ルーム用と一時保育用にも小さなプールやたらいが園庭に用意され、それぞれに水遊びを楽しみました。

小さな穴をたくさんあけたペットボトルを持ち上げ、シャワーのように落ちてくる水を不思議そうに見つめる子。プールの水に飛び込むように体を投げ出し、水しぶきがあがるのを楽しんでいる子。わにになって水のなかをはいまわったり、かばになって大きな口をあけたりしている子。

四・五歳児になると、いっしょに水に入っている先生は、色々な方法で、楽しみながら泳ぐもとになるような経験ができるようにさそっていきます。友達や先生と水をかけあったり、顔を水につけたり、水の中でぶくぶく息をはいたり。

日の光の中で水しぶきが輝き、子どもの笑顔と明るい声が、水と響き合っています。子どもたちは、さまざまに変化する水の姿を楽しみ、少しずつ水と仲良くなってきています。

触れること

育児講演会で話していただいた田澤先生に来ていただいた職員の研修の時、目を閉じて何人かと握手をし、何人目かにもう一度最初に握手した人と出会ったらそれがわかるか、というレッスンをしたことがあります。握手した人の手の暖かさの感触がはっきり残っていたこと、全員が、最初に握手した相手が分かったことが印象的でした。

子どもと手をつないだり、子どもを抱いたりすることは毎日のようにあるのですが、もっと「触れる」感覚を大事にしていきたいなと思いました。

泣いている子を抱いた時、子どもの背中に自分の掌がやわらかくぴたりと触れるようにして、子どものからだの温かさや柔らかさを感じると、子どもの呼吸も気持ちも落ち着いてくることがあります。触れ合うことでお互いに通じ合うことは、時には言葉より確かなものがあるようです。

十月　九月の園庭

今年は、秋の訪れが早いような気がします。九月、久しぶりに園庭に出た子どもたちは、生き生きと走り回っていました。

一歳児が、ヨウシュヤマゴボウのまわりに集まっています。紫色の実をたくさんとって、テラスにいた私のところに持って来てくれました。紫色に染まった手を、うれしそうに見せてくれます。一年前にはまだ歩いてもいなかった子どもたちの自然との交流の姿に、心と体の成長を実感しました。

プールのそばでは、四・五歳児が、先生にまわしてもらって長縄をとんでいます。縄がまわるのを見て、そのリズムに合わせて跳ぶのは、高度な運動能力ですが、だんだん続けて跳べるようになってきます。

芝生の山では、そりで滑り下りて来る子どもたちがいます。九月に入園したばかりの子どもたちも、友達が滑っているのを見て仲間に入って来ました。ひもを持って、友達をひっぱってあげている子もいます。「駅です。お客さんは降りてください。」などと言っているうちに、フラフープの輪に何人も入って進む電車ごっこになってきました。輪がいくつもつながり、連結して走ったり、脱線して転がったり。

そして滑り台では、0歳児の滑り始めです。一人で滑る決断と、滑った時の笑顔。生まれて初めての経験が、同じ日、同じ場所でいくつもおきているのですから、保育園の園庭というのは、すばらしいですね。

言葉の交流、気持ちの交流

ほめることや怒ることは、どちらも、大人の、子どもに対する、大事な強いはたらきかけです。でも、もっと日常的に、大人と子どもは言葉によって気持ちを交流しています。

食事をとりに来た子が、食器がたくさんのったお盆を見て、一瞬ためらっていました。入園まもない子で、まだ食器をまとめて運ぶことに慣れていないようです。配膳していた先生が「いける？」と聞きました。その子は、首を横に振り、安心したようにおわんやお皿を一つずつ運び始めました。

砂場で０・一歳児が遊んでいるところに、先生が「入れて。」と言って入って行きました。子どもたちが「いいよ。」と言うと先生は「ありがとう。」と答えていました。どちらも、本当に日常的な場面ですね。でも、こういう一つ一つのことが、子どもの心と言葉を、そして人との気持ちのつながりを育てているのだと思います。

十一月　もりんぴっくと子どもたち

もりんぴっくが行われた十月十二日（土）の気温は三十℃を越えました。ちょっと予想できなかった暑さです。子どもたちも、見てくださったご家族の方も、本当に大変だったと思います。ご参加、ご協力、ありがとうございました。

今年のもりんぴっくの一番の収穫は、あの暑さの中での、子どもたちの集中力とがんばりだと思います。０・一歳児の子どもたちは、さすがに暑さに疲れたり、大勢のお客さんに緊張したりして、いつもの力を出せない子もいましたが、それはしかたないですよね。それでも、あの条件の中でそれぞれの個性を出しながら楽しみ、がんばったと思います。当日できなかった子も、練習の中で楽しんだり、「できた」という喜びをもったりしてきました。そういう過程と、本番の経験の両方が、その子の栄養になっていくのだと思います。

私が驚き、感動したのは、幼児クラスの子どもたちの成長と、集中力です。去年は走れなかった子が、かけっこで堂々と走る姿。パラバルーンの全員での協力。組体操の、一人ひとりの力と個性。子どもの伸びる力って、本当にすごいなと思いました。０歳から五歳まで、子どもはゆっくりと、確実に成長していくのだと思います。

二番目の収穫は、子どもたちのふだんの生活や遊びと、もりんぴっくという行事のつながりが、はっきり見えたことではないでしょうか。０歳児の「トトロに会いに行こう」一歳児の「おさるの冒険」そして二～五歳児の「そりレース」など、子どもたちがふだん行っている遊びや運動そのものです。押し車を押したり、マットをよじ上ったりしている0歳児、鉄棒にぶらさがる一歳児、園庭でそりに友達をのせてひっぱったり、芝生の山から滑り下りる二～五歳児の姿が、もりんぴっくの子どもの動きを見ながら目にうかんできました。キャタピラや、組体操の中の個人種目も、それぞれの子どもたちがいっぱい遊んでいたものです。

そして今、もりんぴっくが終わった園庭では、キャタピラの中に入って芝生の山を転がり下りて来る子どもたちの笑顔があります。

そして三番目は、親子で、兄弟で、そして友達や地域の方もいっしょに、体を思い切り動かし、触れ合うことの楽しさがいっぱい見られたことだと思います。「パンツでデート」でお父さんやお母さんにおんぶしてもらっている子どものうれしそうな顔、思い切り走った四・五歳の子どもたちやご家族の方のリレー、みんなで楽しんだ玉入れやオセロ、親子ルームや一時保育に来てくださっている方にも参加してもらった「もりんぴっく」など、みんなでいっしょに運動し、楽しむことができた一日でした。

十二月　子どもたちの成長

二歳から五歳の子どもたちは、今、週に一、二回かしの木ホールでオペレッタをやっています。二歳、三歳、四・五歳の順番に二階からかしの木ホールに下りて来ることが多いのですが、それまでは二階で自分が選んだ遊びをやっていたり、保育士が計画した活動をしたりしています。

ある日、二歳の子どもたちのオペレッタが終わり、三歳の子どもたちが下に行く時の様子を見ていました。

ともだちの森保育園では、こういう時「うさぎ組さん、オペレッタの時間になったからかしの木ホールに行きますよ。」などという声が聞こえることはありません。では、子どもたちはどうやって活動を切り替えているのでしょう。

一つは、こあら組の子どもたちが二階に上がって来たということを自分で見て、「次は自分たちだ。」と判断しているのです。しかし、遊びに集中して夢中になっている子どもたちは、気が付かないこともあります。そういう子どもたちには、保育士がそばによって、「オペレッタの時間だよ。」などと伝えます。それでも、「後もう少しで作ろうと思っていたものが完成する」というようなタイミングの時は、子どもはそれをしあげてから、そして使っていたブロックなどを自分で片づけてから下に行きます。

たぶん、最初に下に行った子どもと最後に下に行った子どもでは五分以上の時間差があったと思います。先に行った子どもたちは、保育士といっしょに楽しくリズム運動をしたり、もりんぴっくで年長の子どもたちがやった組体操の種目をやったりしています。最後の子が下りて来てから、みんなでオペレッタを始めます。

なぜ一斉に声をかけて動かそうとしないのか。それは、子どもたちがまわりの様子を見て自分で判断する力や、自分からホールに行く意思の力、やりたいことを最後までやって後片づけも自分で終わらせてから活動を切り替える満足感など、子どもの思いを大事にしているからです。

こういうやりかたをしていて小学校に行った時に困らないか、という不安をもたれる方もいると思います。しかし、その後、うさぎ組のオペレッタが終わり、四、五歳児(きりん組とぞう組)が下に降りていく時にかかった時間は、うさぎ組と比べて格段に速いのです。何分かかったか正確にはわかりませんが、うさぎ組の移動を見た後の実感では、あっという間に集まったという印象です。もちろんこの時も、保育士が一斉に指示をしたりはしていませんし「早く」などという声は一切かかっていません。子どもたちの判断力、頭の切り替え、片づけるスピードなど、一つ一つがそれだけ成長しているのだと思います。

それは、ただ年齢が上になったというだけではなく、子どもの思いを大事にしながら、発達段階に合わせて、判断力、意思、人と協力する力などを育てる活動を積み重ねてきたことによるのではないかと思っています。

この日、四、五歳児は自分たちで作るクリスマスツリーをどんなものにするかを、二グループに分かれて自分たちで話し合う活動をやっていました。保育士が中に入らず見守っているだけで、子どもたちは五歳児を中心にそれぞれ意見を出し合い、かなり長い時間集中して話し合ってその結果を自分たちでまとめていました。こういう活動ができるようになったのも、一人ひとりの意思や判断、人と交流する力などが少しずつ育ってきているからではないかと思いました。

一月　明けましておめでとうございます

ともだちの森保育園は、二回目のお正月を迎えました。

一年を振り返ると、本当に子どもたちに、そして保護者の方、ご家族の方に支えられた日々だったと思います。

私たちは、子どもが笑顔で充実した活動ができるように、明日を生きる力が育っていくように、という願いをもって保育をしてきました。子どもの表情や行動に手ごたえを感じる時もたくさんありましたが、自分たちの力不足で、子どもたちに、ご家族の方に申し訳なかったという思いもたくさんありました。

しかし、子どもたちも、ご家族の方たちも、私たちの力不足よりも、私たちの思いと努力を暖かく受け止めてくれたのではないかと感じています。今年は、それに甘えることなく、昨年と同じ志をもちながら、さらに保育の質を高めていくために、職員が力を合わせていきたいと思っています。よろしくお願いします。

０・一歳児のフェスティバル

十二月七日（土）に、０・一歳児のフェスティバルがありました。当日は、大勢のご家族の方に来ていただき、子どもたちの姿を見ていただいてありがとうございました。

昨年度は園全体でフェスティバルをやったのですが、今年は園児数も増え人数的に難しくなったので、０・一歳児と二〜五歳児に分けて行いました。

０・一歳児を三グループに分けたお名前呼びと手遊び、それに一歳児の「動物たちの誕生会」という簡単な劇遊びが、子どもたちの発表です。前日のリハーサルでは、お名前呼びの時の、子ども同士の交流、うさぎやさるになって登場するりす組の子どもたちなど、生き生きとした子どもの姿がたくさん見られました。当日は、見てもらうのがうれしくてがんばった子もいましたが、緊張で固まってしまったり、お父さんやお母さんを見つけてしまうと、すぐいっしょになりたくて泣いてしまう子どももいました。でも、うまくいったことだけが意味があるのではないと思います。お家の人に見てもらう中で、緊張したことも、泣いたことも、そしてもちろんその中ではりきって自分を表現したことも、それぞれがその子の大事な経験になるのではないでしょうか。

そして、今年の０・一歳児のフェスティバルの特徴は、四月から今までの子どもたちの成長の様子をスライドと保育士の話でお家の方に見ていただけたことではないかと思います。

絵具やはさみなどを使っている時の、子どもたちの集中した真剣な表情、遊んでいる時の本当に楽しそうな顔、二～五歳児といっしょに遠足に行った時の異年齢でのほほえましい交流の様子など、保育士の話と合わせて、その瞬間をせいいっぱいに生き、頭も心もからだも成長していく子どもの姿と、そのために環境を考え、子どもとの接し方を考えて日々取り組んでいる保育の姿をよく伝えるものだったと思います。

翌週、子どもの表情を見る自分の目が少し違ってきたような気がします。一瞬ごとに過ぎていく子どもの姿をもっと大事にしていきたいと思いました。

今回も、たくさんの感想をお寄せいただき、ありがとうございました。当日の子どもの姿も、今までの子どもの姿も、暖かい目で見てくださったことがよく分かり、本当に有難く思います。これからも、お家の方と心を合わせ、力を合わせて、子どもたちを育てていきたいと思います。

二月　表情と心

今、ともだちの森保育園では、より良い保育をするために、お互いに保育を見合ったり、時には他の園を見学したり、他の園の先生に保育に入ってもらってそれを見て学んだりと、さまざまな試みをしています。その中で考えたことの一つ。

０・一歳児の部屋で、一人で机に座り、積木を積み上げている子がいました。うまくバランスをとり、ずいぶん高く積み上げるのに成功した時、その子はまわりを見回しました。それは明らかに「上手に積めたよ。見て。」という表情でした。でもその時、保育に入っている先生は誰もその子に気づいていなかったので、私と、横で見学していた他の園の先生が拍手を送りました。

もう一つ、０・一歳児の部屋で。これは、見学していた他園の先生から後で聞いた話です。

はさみを使って紙を切る活動をしていた子が、まだはさみの使い方に自信がないのか、切りながら、「これでいいの？」という顔で、同じテーブルに座っている先生の方を見ていたそうです。でもその先生は、その子の表情に気付きませんでした。

こういうことって、毎日のようにありそうです。見えていれば、ほめてあげる、教えてあげる、共感の気持ちを表すなどの対応ができ、子どもとの信頼関係が深まりそうな場面ですね。

表情は、子どもの心の中をそのまま映し出してくれます。以下は、他の園の先生が、子どもと自分の一場面をエピソードに書いてくれた記録です。

その先生は、そばでいっしょに自分も手を洗いながら、0歳児のRちゃんに手洗いを教えていました。Rちゃんが泡石鹸のポンプの下に手を出したので、掌に泡石鹸を出してあげると、Rちゃんは泡の広がった自分の掌をじっと見つめていました。

「どうしたんだろう。早く洗って食事にしたいな。手を握っていっしょに洗おうかな。」と考えていると、Rちゃんは先生の顔を二～三秒見つめてにっこりと笑いました。目を輝かせ、何とも言えない良い表情でした。泡でいっぱいの手の平が、心なしか先生の方に向けられているようでした。先生が「泡あわ、いっぱいだね。」と声をかけながら思わず笑顔になってRちゃんの顔を見ると、Rちゃんはさっきよりもっとにっこり笑って手を洗い始めました。

その先生は考察の中で、「私は初め子どもの手しか目に入っていなかった。子どもがどんな表情をしているかこれまで見ていなかった。」と書いています。

今度はまたともだちの森の話。二歳児がはさみでストローを切ってネックレスを作っていました。ストローがその子には固くてなかなか切れません。その子は隣の子に「固いねえ。」とにこにこしながら話していました。それは「固くて困った。」という顔ではなく、「ストローってこんなに固いんだ（紙に比べて？）」という発見の顔でした。ようやく切れたとたんに、ストローはどこかに飛んで行ってしまいました。するとその子はまた嬉しそうに「飛んだ。」と話しているのです。そしてにこにこしながら飛んで行ったストローを探しに行きました。

手洗いの話にしても、ストローの話にしても、子どもたちは、効率だけを考えている大人よりずっと豊かな世界を生きているんですね。表情を見ることで、そんな豊かな子どもの世界を知り、共感していければ、子どもを育てることがもっと楽しくなるのでは

ないかと思いました

三月　二～五歳児のフェスティバル

二月二二日（土）に、二～五歳児のフェスティバルがありました。見に来てくださったご家族の方々の暖かさに支えられ、子どもたちは生き生きと楽しみ、集中していたと思います。

子どもたちの当日の姿に、今までの取り組みの積み重ねが重なって見えました。大勢のご家族の方の前で、今までで一番見事な演技を見せてくれた子がいます。練習と変わらず、伸び伸びと楽しそうにやっていた子もいます。ふだんと違う雰囲気に圧倒されて、いつもの力を出せなかった子や、いつも見事にできていたのにその日だけ失敗したという子もいます。

ソチオリンピックの選手たちの姿を思い浮かべたりもしました。それぞれの、一回限りの姿の中に、いつもの力を出せなかった子も含めて、大事なドラマがあったのだと思います。そして、当日のドラマも大事ですが、練習の積み重ねの中でついた力、楽しんだ心も同じように大切なのだと思います。

一方で、今年の子どもの姿は、去年から一年たった成長した姿であり、来年につながる姿でもあります。今年の今までの取り組みとともに、去年の子どもの姿、そしてまだ見ていない来年の子どもの姿を重ねてみようとすることも、大事なのではないでしょうか。

フェスティバルでの子どもの様子は、ともだちの森保育園の保育の、理念や実践の表れでもあると思います。

ともだちの森では、子どもの思いを大事にして保育をしています。全員一斉に一つのことをさせるという機会は、多くありません。

しかしそれは、一人ひとりが今のままでいいとか、ばらばらでいいということではありません。今の子どもの思いを大事にするとともに、一人ひとりがもっている力をできる限り引き出し、伸ばしてあげたい、友達と思いを交流する喜び、みんなが一つのチームとして協力する喜びももたせてあげたいという願いをもって日々保育をし、行事に取り組んでいます。一人ひとり、一つ一つの種目の成功や失敗とは別に、フェスティバル全体の流れや雰囲気の中に、保育士の動きや子どもへの働きかけの中に、見てくださったご家族の方の子どもを見る目の暖かさの中に、そして何より子どもの姿の中に、そういうともだちの森保育園の特徴はよく出ていたのではないかと思います。

たくさんのアンケート、ありがとうございました。暖かい励ましも厳しいご意見も含め、保護者の方は、いっしょに子どもを育てていく仲間なのだという思いを改めてもちました。

雪と子どもたち

何十年ぶりという大雪。交通機関の乱れ、雪かきなど、大人にとっては大変でしたが、いつもとは別世界になった園庭では、子どもたちの笑顔がたくさん見られました。雪が積もった山の斜面をすべるそりは、ものすごいスピードでテラスまで一気にすべります。保育士が作ったかまくらには、何人もの子どもたちがぎゅうぎゅうづめになりながら、にこにこ笑って入っていました。

Ⅳ　二十六年度園だより・えがおの森

四月　えがおの森保育園って、どんなところ？

入園おめでとうございます。えがおの森保育園が、出発しました。入園説明会で出会った子どもたちの笑顔と、お家の方の、子どもを見る暖かい目を思い出します。大事なお子さんをお預かりし、育てていく仕事が始まることを思って、身の引き締まる思いがしています。

子どもたちは、家庭で、ご家族の方に愛され、豊かなかかわりをもつ中で育っていきます。そしてこれからは、保育園で、保育士に愛され、たくさんの友達と豊かなかかわりをもつ中で育っていきます。家庭と保育園が、気持ちのつながりをもち、子育てについての考えを共有していくことは、子どもが毎日を幸せに生きるために、そして明日を生きる力が育っていくために、欠かせないことです。園が出発するこの時に、ご家族の方に、えがおの森がめざしている保育をできるだけお伝えしたいと思います。

私たちは、子どもの思いを大事にして保育をしていきたいと思っています。子どもの思いを大事にするとは、具体的にはどういうことでしょう。

一つは、指示することを減らし、ほめることを多くしていくことです。子どもが外から帰って来て靴をぬいでいる時、「次は靴下ぬいでね。」と先回りして指示するより、「上手に靴ぬいでるね。」と、今の子どもの姿を見てあげるようにしたいと思っています。そのことで子どもの自信や意欲を育て、次の行動を自分が考えられるようにしたいのです。

二つ目は、時間や場所を細かく区切って子どもを規制することより、子どもが自分の活動を選び、やりたいことができるようにしていくことです。えがおの森保育園は、年齢別の部屋に仕切られていません。広い部屋に机と椅子がたくさんあり、子どもの手が届く高さの棚に、ブロック、積木、パズルなどのおもちゃ、のり、はさみ、折り紙などの道具や材料が置いてあります。園庭で遊ぶことも含め、子どもは異年齢の友達とも交流しながら自分の遊びを自分の意思で選びます。それが、子どもの笑顔を生み、集中力を養うと考えていますしかし、子どもの今を認めていくこと、子どもが活動を選ぶことを生活の基本にしていくことは、子どもが今のままでいいとか、一人ひとりばらばらでいいとかいうことではありません。子どもは保育士に今の自分を認められ、年上の友達の行動にあこがれたり、小さい子にやさしくしたりする中で、人とかかわる力を伸ばし、新しいことに挑戦する意欲を育てていきます。リズム運動や歌、造形活動など、子ども全員に取り組んでほしい活動については、全員が参加するよう誘いかけます。そして、危険なことや人を傷つけるような行為は、きちんと悪いことだと教え、ルールがある中での伸びやかな生活を作っていきます。

私たちは、自分たちの行動が子どものあこがれになるように、努力していきたいと思っています。子どもは、本当に大人の行動をよく見ているし、大人の思いをわかる力を持っています。すべての子どもの、生きる意欲と伸びる力を引き出すために、職員全員が力を合わせていきたいと思っています。よろしくお願いいたします。

五月　子どもの笑顔

えがおの森保育園は、四月一日に開園したのですから、子どもたちにとっては、初めは見知らぬ場所です。先生も友達も、初めての人ばかり。お家の人と離れるのがさびしくて泣くのも無理はないですね。初めの一週間は、泣いている子の方が多いという状態でした。

でも、抱かれて泣いていた子が、どこかで自分の意思で活動を始めます。好きなおもちゃが見つかったり、絵本を見たり、友達と遊んだり。そしていつか、にっこり笑う時が訪れます。園庭に出られるようになって滑り台を滑り降りた時だったり、リズム遊びをした時だったり、親しみをもてるようになった先生と目があった時だったり。それはとてもすてきな瞬間です。

子どもが育つのに大事なことは、二つなんだなと、改めて思います。一つは、自分の気持ちを受け止めてもらい、愛されること。もう一つは、好きなことが見つかり、外の世界に興味が広がっていくことです。人とのつながりは、やがて、自分も人の気持ちを受け止め、大事にして、人と協働して活動する喜びをもつことにつながっていきます。そして、好きなことが見つかり、外の世界に興味をもつことは、学ぶ喜び、仕事をする喜びにつながっていきます。

子どもの姿

人とつながる喜びと、好きなことをしたり、物や自然に触れたりする喜びは、影響し合っているように思えます。

一歳の男の子が、じぐざぐに曲がって下りてくる滑り台のような小さなおもちゃに、おもちゃの自動車をのせていました。自動車は、カトコトと面白い音をたてて、うまくコースを外れずに下まで下りて来ました。それを見ていたやはり一歳の女の子が、すごくうれしそうに声をたててわらっていました。男の子は、何回も何回もおもちゃの自動車を滑り落としています。女の子は、何回見てもうれしそうに声をたてて笑っています。男の子は、自分がやったことで女の子が喜んでいるのがわかっていて、それもうれしくてやっているように見えました。「人とともに生きる喜び」の最初の一歩を見ている気がしました。

二階では、朝お母さんに連れられて来た二歳のお友達を見て、「○○君」とうれしそうに声をかけた子がいます。声をかけられた子は、にっこりと笑顔になってお母さんからはなれて行きました。この子は、お友達に自分の名前をうれしそうに呼びかけられたことで、安心してお母さんから離れ、好きな遊びを始められそうです。

五歳の女の子が、こいのぼりのぬりえを見せてくれました。「きれいだねえ。」と私が（本当に感心して、だってすごくきれいにぬってあったんです。）声をあげると、三びきのこいのぼりを指さして、「これがお父さん、これがお母さん、これが子ども。（子どものこいを指して）これが一番かわいいな。先生はどれがかわいいと思う？」「みんなかわいいねえ。でもやっぱりこの子どもはかわいいな。」好きなぬりえがきっかけになって、子どもと大人の気持ちも少し近づいた気がします。

どれもほんの小さなできごとです。でも、こういうことが毎日積み重なって、子どもにとって保育園が、安心できる楽しい場所、人とともに生きることを喜び、好きなことをしながら自分を成長させていける場所になっていくのだと思います

六月　共感することの力

子どもは、私たちに色々なものを見せてくれます。

四歳児の○○君が、私の手をひいて、二階のロッカーの上に飾ってある桃色の小さな花を見せてくれました。私が「わあ、きれいな花だねえ。」と言うと、「ぼくが、今日お散歩に行った時、取ってきたの。」と教えてくれました。

こういうことを教えてくれるのは、言葉が自由に使えるようになった子だけでしょうか。いいえ、一階では、一歳の○○ちゃんが、電車の音が聞こえてくると「あ」と言ってそちらを指さしています。ただ指さしているのではありません。ちゃんと私の顔を見ながら電車を指さしています。これも、立派に自分の発見を人に教えてくれているので

す。

共感するということは、人が何を見ているか、何を大事に思っているか、何を喜び、何に悲しんでいるかを共に感じることです。そして人は、人に共感することで、自分が今まで見えなかったものが見えるようになるのです。私は、子どもの目と子どもの喜びに共感することで、自分だけでは見えなかった小さな花の美しさを感じ、走りすぎる電車の迫力と魅力を感じます。

最近の人類学では、人間の、他の動物とは違った大きな進化の原因を、他者の「意図」を理解し、他者と意図を共有するようになってきたこと、それにより協働ができるようになったことだと考えています。そして、発達心理学では、このような人類の進化を再現するように、赤ちゃんがどのように、他の人と同じものを見る「共同注意」ができるようになり、やがて他の人と意図を共有するようになっていくのかということが、たくさんの実験を通して研究されています。

日常の中で、子どもの中に共感する力が育っていくためには、どのようなかかわりが必要なのでしょうか。

一番最初に大切なのは、赤ちゃんとしっかり目と目を合わせてほほえみかけることだと言われています。ミルクを飲ませたりおしめを代えたりすることが、単なる作業にならず、目と目を合わせながら「おいしいねえ。」「気持ちよくなったね。」と語りかけることが、赤ちゃんが人間として育っていくためにとても大事なことなのです。そして、何かを指さして「あ」と声を出し、大人に教えることが「共同注意」「意図の共有」の始まりです。赤ちゃんが見ているものをいっしょに見てあげたり、自分が見ているものを赤ちゃんに見せてあげたりということが大事なのです。それが、人間が言葉を獲得していく力の元にもなり、やがて「ねえ、ねえ、お母さん……」と、自分の発見や喜びを言葉を使って語りかけてくるようになっていきます。

七月　えがおの森の園庭

梅雨の晴れ間の夕方、たくさんの子どもたちが園庭に出ていました。

ようやく根づいてきた芝生の坂を、一歳児の男の子が上っています。何度も滑り落ちながら、手も足も使ってはって上って行きます。とうとう上まで上りきって、待っていた先生に拍手で迎えられていました。

今日初めて坂の上まで行った二歳児の子が、うれしそうに保育者に話しかけてきます。今までにないような晴れやかな表情です。下まで下りる時は、自然におしりをついて、滑り台のように下りて来ました。

砂場では、砂でケーキを作っている子どもたちがいます。白い砂がクリームのよう。ケーキができると「ハッピーバースデートゥーユー」と歌い始めました。「今日は○○ちゃんと○○ちゃんの誕生日。」と、そばにいる女の子の名前を呼んであげています。近くにいた男の子が「おめでとう。」と言っていました。

一方では、黙々と一人でお団子づくりをしている子がいます。十分以上集中して、見事に大きくて丸いお団子ができました。何かコツがあるのかと思って「すごいね。どうやって作ったの?」と聞くと、「ただ丸めただけだよ。」という答え。私もやってみたのですが、すぐにくずれたり形がいびつになったりして、どうしてもその子のようなきれいなお団子ができません。手の中でただ丸めるというのを十分以上続けた集中力はすごいですね。

そろそろ部屋に入る時間。「おもちゃの片づけ手伝ってくれる?」と言うと、砂場にたくさん散らばっていたシャベルやバケツなどを、何人もの子が運んでくれました。最初は私に手渡されたものを運んでくれた子が、次はまだ片づいていないおもちゃを自分で見つけて運んでくれます。最後まで一人で遊んでいた男の子も、自分が使っていたおもちゃをちゃんと片づけて、部屋にもどって行きました。

八月　「後ろから抱っこしない」ことの意味

えがおの森保育園は、保育の質を高めるために、時々、他の園の方にも保育を見てもらい、保育の内容についていっしょに考えるということを続けています。この前の研究会で「子どもを後ろから抱っこしない方がいい。」ということを指摘されました。なぜなのか。大事な問題だと思うので、少し考えてみたいと思います。

「後ろから抱っこする」のはどんな時でしょう。まだ自分の力で歩くことが難しい子が、危険なことをしようとしたり、大人が行ってほしくないところにいた時に移動させようとして、後ろから抱っこすることが多いのではないでしょうか。ではそういう時にはどうすればいいのか。

前に回って、子どもの顔を見ながら「あっちに行こうね。」などと話しかけてから抱っこする、自分で歩ける子ならいっしょに歩いて行けばいいのです。まだ話せないような小さな子でも、子どもを物として扱うのではなく、思いをもっている人間として見て、子どもの心に働きかけることが大事だからです。自分で歩けない子にも、顔を見て話しかけてから抱っこする。心をもった存在として向かい合うから心が育っていくのです。

もちろん、問題は抱っこの時だけではありません。友達をたたいた子がいた時、「あやまりなさい。」と、形だけを要求するのではなく、たたいた子の心をまず「なぜだろう。どういう気持ちでたたいたんだろう。」と受け止める。そして「あの子悲しそうな顔してるよ。どうするの?」などと友達の表情を見させたり、たたかれた子が自分の気持ちを表現できない時は、大人が代わりに「痛い。」と痛そうな顔をしてみせるなどの対応は、やはり、子どもを心をもった存在としてみて、心に働きかける育て方だと言えるでしょう。

その場で、子どもの行動に目に見える変化があるとは限りません。でも、植物には毎日水をあげなければ育ちませんが、水をあげたその時に目に見えて育つわけではありませんよね。子どもも、子どもの心を受け止め、子どもの心に働きかけることを続けることで、少しずつ心が育っていくのだと思います。

九月　交流する喜び、共感する力

0・一歳児の部屋にいると、最近自由に歩けるようになった○○ちゃんが、大きなリングを両腕にはめてやって来ました。「素敵な腕輪だね。」というと、外して私に渡してくれます。「ありがとう。」と言うと、「ちょうだい。」というようにまた手を伸ばします。

「物を渡してくれる。」「物をもらう。」ということを、０歳児や一歳児は喜んで繰り返します。目と目を合わせる、ほほえみを交わす、手をふる、なども大好き。人と交流するということは、それだけで喜びであり、心の発達にとっても大事なことなのだと思います。

子どもによっても違いますが、最初から、あるいはだれにでもこういう行動をとることはありません。大人が、ほほえみかけ、見つめ、声を掛け続けると、いつか必ず自分から手をふってくれたり物を持って来てくれたりするようになります。そしてそうなった時の喜びの表情は、大人より子どもの方がずっとはっきりしていて豊かです。大人は、子どもに、人と交流する喜びの豊かさを分けてもらっている感じがします。

園庭では、大きい子どもたちが芝生の山の上と下をぐるぐるまわりながら走っています。見ると、五歳児の子どもがリードして、他の子に「よーいどん。」と言ってかけっこをしているようです。「次は○○君と○○ちゃん。」などと言って二人ずつ順番にスタートさせています。待っている子は走っている子を見ながら、手をたたいたり「がんばれ、がんばれ。」などと応援しています。

夏の日差しの中、汗をびっしょりかきながら、全力で走っている子も、順番を待ちながら応援している子も、とっても楽しそうな表情です。走っている子は応援している子から力をもらい、応援している子は走っている子から力をもらっている感じがします。

「人とかかわる力」は、人間が成長し、学び、仕事をしていくための一番大事な力ですが、その基になるのは、「共感する力」だと思います。そして、共感する力は、まず喜びを共感することから始まります。十分に喜びを共感できた子は、やがて、人の悲しみにも共感できるようになります。

二階の幼児室のカブトムシは、驚くほどたくさんの赤ちゃんを産んでくれました。初め一つだった水槽がもう四つになり、どの水槽にも幼虫がたくさんいます。でもある日、二階に行くと子どもたちが「先生、カブトムシ死んじゃったんだよ。」と教えてくれました。めすのカブトムシがその日の朝死んでしまったようです。子どもたちは動かないカブトムシを見つめていましたが、四歳児の○○ちゃんは「いっぱい産みすぎて疲れちゃったのかな。」と言っていました。悲しい出来事でしたが、○○ちゃんの言葉は、カブトムシのおかあさんに共感してその死を悼んでいる言葉に聞こえました。

十月　えがおの森のリレー

芝生の斜面になっている山の上に子どもたちが並んでいます。山の上から下までぐるっと回って一人の子どもが走っています。その子が、一番後ろに並んでいる子にタッチすると、先頭の子が走り出します。

タッチすると次の子が走り出すところはリレーですが、普通のリレーとちょっと違うのは、チームが一つしかないことです。だから競争にはならないのですが、子どもたちは一生懸命走っています。並んでいる子は、手をたたいて応援しています。走ることそのものが喜びで、友達が一生懸命走っていることを応援しているのでしょうね。並んでいる子の中には、四歳児や五歳児に交じって、やっと山の上まで上って行った一歳児の女の子もいて、みんなといっしょに手をたたいています。もちろん大きい子のように走ることはできないのですが、いっしょに手をたたいているのが楽しいのでしょう。その子の順番がくると、先生が手をつないで走り（歩き?）始めました。

テラスにはまだ歩けない0歳児が、一生懸命顔をあげてそういう光景を見ています。

そのうち、二人でいっしょにスタートするようになりました。競争している気持ちもありそうですが、二人手をつないで走ることを楽しんでいる子もいます。走る途中でテラスに立ち寄り、見ている0歳児に「かわいいねえ。」と呼びかけて、また走って行く子もいます。

「だるまさんがころんだ」や「たかおに」をしている時もありますが、私が子どものころにやったものとはちょっとルールが違うようです。子どもたちは、先生に教えてもらったことの中から、自分たちにできること、楽しめることを選んで遊んでいるのかもしれません。「だるまさんがころんだ」のおには山の上にいて、他の子は水道の付近からスタートするので、途中で山を登りながら鬼に近づいて行くことになります。運動量ありますね。

私は、自分が子どものころやっていた「三角ベース」を思い出しました。基本はもちろん野球なのですが、細かいルールはずいぶん違っていたような気がします。場所が違い、年齢が違い（入り交じり）道具が違うのですから、ルールも違うのが当たり前ですね。

砂場ではこの前、三～五歳児が「流しそうめん」をやっていました。砂で山を作り、水を流して川を作ります。そこに、枯れ芝を運んで来て流しているのです。水を運んで来る子、芝を取って来る子、砂を掘る子と、自然に分業ができています。

子どもは、大人に教わったことや大人がやっていることの中から、できること、楽しいことを選んで遊びにしていきます。そういう時の子どもたちの表情は、大人がリードしている時より生き生きとしているような気がします。

十一月　えがおの森のもりんぴっく

もりんぴっくまで

もりんぴっくの十日ぐらい前、私が園庭に行くと、年長の子どもたちが「先生に見てもらいたかったな。」と話しかけてきました。

「何を?」

「ソーランぶし」

「わあ、見たかったな。明日見せてね。」と私が言うと、子どもたちは、「今でだいじょうぶだよ。」と言って、テラスにいる先生に頼んでCDをかけてもらい、踊り始めました。あみをひっぱるところではひざが力強く深く曲がり、掛け声もはずんで楽しそうに踊っています。「すっごくひざが深く曲がっていてかっこいいねえ。」とほめると、翌日見た時には前の日より大勢の子ができるようになっていました。そばにいる小さい子どもたちも誘われるように踊っています。二日目に見た一歳児の男の子の、前にのばした掌のきまっていること。表情も一人前で笑ってしまいました。

子どもたちには、一回一回がもりんぴっく当日のための準備ではなく、その時を楽しみ、十分力を出していたのだと思います。今年のもりんぴっくは九小の体育館をお借りしたのですが、普通の日は小学校の授業があるので体育館は使えません。授業がない昼休みや夕方に保育士は何回か見に行きましたが、子どもはもりんぴっくの場所には一回も行っていません。そもそも「本番にそなえる」ことなどできない条件でした。さて当日はどうなるか。

もりんぴっく当日

一人ひとりに、ドラマがありましたね。初めての広い場所、大勢の保護者の方の前で、にこにこして走り回り、自分の出番以外の種目にも出場（？）していた子。かけっこでは固まってしまったけど笑顔でダンスを踊った子。練習では楽しんで上手に踊っていたのに、いつもと全く違う雰囲気に圧倒されてしまった子。でもその同じ子がかけっこでは息を吹き返したように元気に走ったり。そして、親子競技でお父さんやお母さんと手をつないだり、胸に飛び込んで行ったりしている子どもたちを見ると、お父さんやお母さんが大好きなうれしい気持ちが伝わってきました。

当日の経験は、（できなかったことも含めて）大事ですが、もりんぴっくの意味は当日だけにあるのではありません。終わった後も、園ではその時にやったダンスをみんなで踊って楽しんでいます。体育館では踊らなかった子が家で踊っているという話も聞きました。どれもその子どもの大事な姿ですね。

０歳児から五歳児まで、それぞれの年齢の子どもたちの成長の様子が見られたのも楽しかったです。今の子どもの姿が、フェスティバルではどうなるか、来年のもりんぴっくではどうなるか、楽しみです。父母と祖父母の世代別対決、保護者の方々と保育士のリレー、小学生や未就園児の競技なども、みんなが参加して楽しむことができ、盛り上がりましたね。参加してくださった方、応援してくださった方、本当にありがとうございました。

十二月　大人の思いを子どもに伝える

えがおの森保育園が出発した四月の園だよりで、「子どもの思いを大事にして保育をしていきたい。」ということを書きました。今もその思いは続いています。

しかし最近、子どもの思いを大事にしていくためには「大人の思いを子どもに伝える」ことも大事なのだ、と改めて考えることがありました。えがおの森でやった保育の研究会で、講師の話を聞いた時です。

「先生たちはどんな時に子どもをほめていますか。」と聞かれて「片づけをしてくれた時」「ブロックで作品が完成した時」「着替えで今までできなかったことができた時」などと答えが返ってきた時「そういう時はほめやすいですよね。もちろんそういう時にほめることも大事です。ところで朝、子どもが登園して来たことをほめたことがある人いますか。」と聞かれました。
「いてくれてありがとう、存在してくれてありがとう、という気持ちを伝えることが一番大事で、笑顔でむかえるだけでもほめていることになります。」と話してくれました。

えがおの森の職員も、朝、子どもが登園した時、笑顔で迎えることが多いと思います。でも、このようにその意味を自覚し、自分の思いを子どもにちゃんと伝えていく意思をもつことは、大事なことだと思います。

最近えがおの森保育園では、支援室を、子どもたちが紙で大きなおうちや町を作ってそれを使って遊んだりすることができる部屋として使っています。支援室の壁に「約束」と書かれた紙がはってありました。その中には「走らない。」「大きな声を出さない。」などの言葉とともに「もったいないことをしない。」という言葉がありました。
「この中で子どもに一番わかりにくい言葉は何ですか。」と聞かれて「もったいないことをしない。」と保育士が答えた時、「そうですよね。私の園では、子どもが折り紙をくちゃくちゃにしてそのままほっておいた時、先生はこういうのはきらいだ、こんなことをしないでほしいと、はっきり話したことがあります。どういうふうにすれば子どもに言葉の意味が伝わるのかを考えることも大事です。」と話してくれました。
「子どもがやめてほしいことをした時、理由を話して、やめてね、と言ってもにこにこしていてやめないことがあります。どうすれば伝わるでしょう。」という保育士の質問に答えて「これはだめ、と怖い顔で言った方がいいと思います。短い言葉で強く伝えるんです。いけないことはいけないとはっきり伝えなければならないし、そのためには怒ることも大事です。そして怒ったらその何倍もほめてあげるんです。怒られることが多い子っていますよね。そういう子ほどほめる回数を多くする。そうすれば、その子は、怒られることがあっても、ほめられた、という気持ちで家に帰ることができます。」と話してくれました。

どの話も「大人の思いを子どもにちゃんと伝える」ということの大事さを話してくれたような気がします。私たち大人は「あなたは大事な子なんだよ。」ということも「それはいけないことなんだよ。」ということも、はっきり子どもに伝える意思と表現力を持たなければならないし、それが子どもの思いを大事にすることにもつながるのではないでしょうか。

一月　冬の園庭

真冬の冷たい空気の中でも、子どもたちは園庭で走り回っています。おやつの後真っ先に庭に出てきた子どもたちがおにごっこを始めました。えがおの森の園庭の坂はかなり傾斜が急なのですが、子どもたちは全速力でかけ上り、かけ下りて行きます。初めは転んでいた子どもも、だんだん転ばなくなりました。全速力で逃げながら笑いがこぼれている子がいます。見ていると、スキーヤーが急斜面を滑り下りる時のような喜びを感じます。

そのうちに五歳児の子どもたちが出て来ると、だんだんルールが複雑になってきます。まず足で地面に丸い線をかきました。そこは鬼が入れない場所になりました。子どもたちが集まっているので、何をしているのかと思ったら、まるくなって順番に一人ずつ足に触りながら「鬼じゃないよ」ととなえています。「よ」になった子は輪からぬけて行き、最後に残った子が鬼になるようです。

しばらく鬼ごっこが続いていましたが、そのうち一人の女の子が両手を横に開き、踊るように優雅に動かしながら走り始めました。聞いていると、妖精のお姫様になって走っているようです。そのうちに、ねずみが出て来たり、へびになってくねくね動く子が出て来たりして、童話の国の鬼ごっこのようになってきました。

ルールの複雑さや走るスピードについていけない子も、年上の子の遊びを見ながら少しずつ覚えていきます。初めは先生といっしょにやりたがる子もいます。大人は、相手に合わせて楽しませてくれるから。三歳の子も、丸い線の中に鬼は入れないというルールを理解すると、うれしそうにそこに入って鬼になった先生を誘います。初めは大人に遊んでもらいながら、だんだん子どもだけの世界を作っていくということがよくわかります。

そしてふと見ると、まだ歩けないひよこ組の子も、はいはいで園庭に出てうれしそうな顔をしています。ついこの前歩けるようになった子が坂の上に上っています。大きい子の動きを見ながら、いつの間にか自分で上って来たんですね。先生と手をつないで坂を上っている子もいます。りす組の子の中には、もう坂をかけ上ったりかけ下りたりしている子もいます。

冬の室内

一方、お部屋の中では、ものを作ったり、絵を描いたりすることに長い時間集中している子が増えてきました。外で遊んでいる時の、笑いがこぼれるような顔とはちょっと違い、何かにじっくり取り組んでいる時の子どもの表情は、小さい子でも、一つのことを見つめているような真剣な顔をしています。そして、外とはまた違った落ち着いた子ども同士の交流も生まれてきます。

二人でそれぞれにレゴブロックで何かを組み立てていた子どもたち。一人が「これは特急二号」と言うと、もう一人が呼応するように「これは特急五号。」。途中でイメージが変わったのか、水の中にも行ける特急なのか「海はこっちだよ。」と作った物を動かしながら話しています。

「はい、これ。」と一人がブロックを手渡すと、受け取った子は「ありがとう。」と自然な声でお礼を言っています。こうやって、遊びの中で人との付き合い方を覚えていくんだな、と思います。

隣のテーブルで別のおもちゃを使っていた子が、棚に自分が使っていたおもちゃを片づけていました。色別にちゃんと元あった場所に片づけています。「片づけ上手だねえ。」とほめると、ブロックで遊んでいた子が、床に一つ落ちていた隣のテーブルのおもちゃを「はい。」と言って手渡しました。棚に片づけていた子は、すっと受け取ってそれもかごに入れています。

別のテーブルでは、四歳児の女の子が絵具で絵を描いています。前の子が使っていた汚れた水入れを、自分で流しに持って行ってきれいな水を入れ、先生にチューブから新しい絵の具を出してもらって、「リボンを描こう。」と言いながら描き始めました。色々な色のリボンが生まれます。二歳児の男の子が向かいの椅子に座って黙って見ていました。そのうちに女の子は、きれいな青の絵具を筆につけて大きなアーチを描きました。私が思わず「きれいな虹だねえ。」と言うと、見ていた二歳児の子も「虹だ。」と感心したような声で言いました。見ていただけの子も、心の中に何かを積み上げているんだなと思います。

二月　大人から子どもに伝わるもの

一歳児の女の子が、園庭の坂を上っていました。四歳児の男の子が、寄り添うように女の子の様子を見ていて、最後まで上りきると拍手してあげていました。その後男の子は、坂の上の道を「あっちに行けばいいんだよ。」というように指さして女の子を誘導していましたが、手をぐいぐい引っ張ったりするのではなく、女の子が自分の足で歩くのを、危なくないように見てあげているという様子でした。

私は一瞬「まるで保育士みたいだな。」と思ってから気付きました。当たり前じゃないかと。男の子は、保育士が、子どもができたことに拍手してあげたり、子どもがやることを危なくないように見守ってあげたりしている様子を何回も見ているから（そして、心のどこかで、それがかっこいい大人の姿だと感じているから）そういう行動をしたんですよね。

同じ社会福祉法人の、他の園を見学に行った保育士が、「子どもがおもちゃや食器を両手でていねいに扱っていた。見ると、その園の保育士の、物の扱い方がとてもていねいだった。自分が心がければできることだから、これから自分もていねいに物を扱うようにしたい。」ということを話していました。

大人の、人に対する接し方は、物の扱い方以上に子どもに移っていくのではないでしょうか。大人が、子どもに何かの行動を覚えさせたいと思ってほめたり怒ったりしていると、覚えさせたい行動より先に（そしてより深く）ほめ方や怒り方が子どもに移ってしまうことがあります。いいことだけならうれしいのですが、乱暴な言葉や強引な態度も子どもに移っていって、どきっとすることがあります。そういう時、子どもを育てるという仕事は、自分の人間や物に対する接し方をより良いものにしていくという努力と切り離せないのだなと思います。

世界の発見

一歳数カ月くらいの男の子が、車のおもちゃで遊んでいました。ついこの間までは、おもちゃを持ってもそれを床に落として音を楽しむという行為が多かったのですが、この日は電車のおもちゃと自動車のおもちゃを両手で持って、棚の上や机の上を走らせていました。

滑るように動くのが楽しいらしく、何度も何度も走らせ、時々私の方を見てにこっと笑っています。たまたま車がひっくり返ってしまうと、ちゃんと上下を入れ替えて走らせています。「この子は、車というもの、タイヤというものの働きを発見したんだな。」と思いました。

窓の外を西武国分寺線の電車が、音を立てて通って行きました。その子は電車を指さして「あ」と言っています。外を通る本物の電車と、自分が手にしている電車のおもちゃをむすびつけているかどうかは分かりませんが、今日でなくてもいずれ気が付くでしょう。

おもちゃの車が机から落ちました。その子は、かがみこんで車を探し、ちゃんと拾い上げました。それからは、机のはしまで車が走ると、片手で支えるようにしています。

そのうち、自動車をバスの上にのせました。初めは落ちましたが、うまくのって二階建ての車のようになりました。するとその子は、さらにその上に近くにあったクレヨンをのせて三階建てのようにし、うまくいくとまた私を見てにこにこしました。

十分足らずの出来事ですが、こうして見ていると、子どもの時間というのは大人よりずっと充実しているように思えます。一つのことを発見すると、繰り返し実験し、楽しさを味わい、偶然起きた出来事からまた何かを学んでいるのですね。

別の日、二階の支援室では、四歳児の男の子と三歳児の女の子が、同じ机に並んで、紙で建物を作っていました。女の子は、ホルダーにセットしてあるセロテープを、どうやって切ればいいか分からないようです。私が「○○君が切っているのを見てごらん。」というと、男の子のやり方を見てからやって、できるようになりました。それから二人は、「貸して。」「どうぞ。」と言い合いながらセロテープをやり取りしていました。そのうち、何も言わなくても、一人がセロテープを使いたそうにしていると、今使っている子の方が、すっとセロテープを取りやすいところに置いてあげるようになりました。

子どもが学んだことは、「セロテープの切り方」だけではないような気がします。「見て学ぶ」ということ、言葉を使っての物のやりとり、さらに、相手の様子を見て言葉がなくても相手が使いやすいようにしてあげる配慮。どれをとっても、これからの学びや仕事に大切な物であり、同時に、今の瞬間二人で心地よい時間を共有しているように見えました。

三月　教えることの責任

職員会議で自分たちの保育について話し合っていた時、こんなことを話してくれた職員がいます。

「私は、今まで子どもに○○してね、と言っておきながら、その後、言いっぱなしになっていることが多かった。それで、今日外から帰って来た○○ちゃんに「手を洗ってきてね。」と言ってから○○ちゃんを見ていたら、流しに行って手を洗ってから私の方を見ていた。私が拍手するとにこっと笑った。」

小さな出来事ですが、大事なことだと思います。教えるということは、子どもに対して何かの願いをもっているということでしょう。子どもがその願いを理解して行動した時、大人にも喜びの気持ちが生まれるのではないでしょうか。子どもが一つ何かを学んだという喜びと、自分と子どもの間にコミュニケーションが成り立ったという喜びが。

子どもの方も、小さなことでも、何かをしたら、「見てくれたかな。」という気持ちが生まれると思います。例えば、うなずいて「見ていたよ。」という合図を送ることは、何かを教えた大人の責任だと思います。「〇〇してね。」という時だけでなく「〇〇はやめてね。」という時も同じで、子どもがある行動をやめたということは、小さくても変化があったということですから、「見ていたよ。ちゃんとわかったんだね。」という合図は届けなければならないと思います。

身体を使った表現

フェスティバルに向けて、オペレッタやダンスをしています。自分のからだを使って何かを表現するということは人間にとって大事な喜びの一つだと思います。

テラスから園庭で遊んでいる子どもたちを見ていると、職員と戦いごっこのようなことをしている二歳児がいました。その日、フェスティバルのリハーサルでダンスをした時にはあまり動けていなかった子ですが、腕を大きく振り、からだをひねった動きがきれいでした。「みんな、本当は体を動かして表現することが好きなんだなあ。」と改めて思いました。

テラスに上がって来た五歳児の女の子が「先生、見て。」と言って、両腕を頭の上で組んだ姿勢できれいに一回転しました。体の軸がまっすぐで、回転した後一瞬バランスをとって静止していたのがとてもきれいでした。私もまねしてやってみたのですが、子どもの動きにはとてもかないません。

二階の室内では、CDをかけて子どもたちがダンスをしていました。リハーサルの時は、二・三歳児の女の子が踊った曲ですが、五歳児も二歳児もいるし、男の子も加わっています。リハーサルの時も上手だったのですが、自由な感じで踊っている午後の方がもっと生き生きとして楽しそうでした。

フェスティバルでどれぐらい実現できるかわかりませんが、リズムが正確かどうかとか、見映えがいいかとかいうことより「生き生きと楽しく表現する」ことが一番大事だなと、改めて思いました

表現することは、何かをのりこえること

表現することには、楽しさがなければなりませんが、同時に、自分の今までの壁を乗り越えるということが必要だと思います。

フェスティバルが近づいても、やっている時にふざけていたり、恥ずかしくて大きな声を出せない子がいます。「三まいのおふだ」というオペレッタをやる子を集めて、こんな話をしました。

「お家の人は、あなたたちの何を見たいんだと思う？　楽しく一生懸命やっているところだよ。楽しくてもふざけながらじゃ一生懸命とはいえない。一生懸命やろうとしても、恥ずかしくて小さな声しか出なかったら楽しくないよね。じゃあどうすれば、楽しく一生懸命できるか。今日は、せりふや歌がない時は、一言もしゃべらないでやってください。それから、せりふや歌の時はできるだけ大きな声を出してください。」

途中、おしゃべりがあるとやり直したり、小さな声しか出ないともう一度出してもらったりしましたが、思い切って声を出し、一生懸命やった子どもたちは、いつもよりすがすがしい、いい顔をしていました。今の自分をどこかで乗り越えるという経験も、子どもは求めているんだなと改めて思いました。

大勢のお客さんの前でどうなるかは、当日にならなければわかりません。いつも以上

に自分の力を出せる子も、小さくなってしまう子もいると思います。でも、失敗も含めて、お客さんの前で自分を表現するというのは、大事な経験だと思います。どうか、温かい拍手をお願いします。

V　二十七年度園だより・えがおの森

四月　えがおの森保育園、二年目の出発

入園、進級おめでとうございます。新しいメンバーを迎え、えがおの森保育園の二年目が出発します。子どもたちが安全に楽しく生活し、日々成長していけるよう、職員一同力を合わせていきたいと思います。よろしくお願いします。

二年目が出発する今、えがおの森がめざしている子どもの姿を、二つの面から考えてみたいと思います。

一つ目は「やりたいことがあり、やりたいことをやっている」「自分の思いがあり、自分の思いを表現できる」子どもの姿です。

子どもは、「自分を新しい世界に誘い、成長させてくれるもの」「自分のイメージや思いを表現できるもの」がある時に、集中し生き生きとした姿を見せてくれます。

縄跳びが初めて跳べるようになり、自分の記録を新しくしていっている年長の子。園庭の山に上ることができるようになり、滑り台の面白さを覚えたひよこ組やりすす組の子

ども。ブロックやラキューで自分がイメージした世界を創り出し、はさみやのり、絵具などを使って作りたい作品を作っている子ども。リズム表現の中で体を使い切り、イメージを表現している子ども。

子どもは、やりたいことをやる中で自分の力を伸ばし、友達と交流する喜びをもちます。そのために私たち保育者は、保育室や園庭の環境、そこに置くおもちゃや材料や道具を、そして子どもが自分を出すことができるリズム表現や造形活動の内容を、子どもの成長を見守りながら、その時々の子どもに合わせて工夫し続けていかなければなりません。

二つ目は、「人と気持ちが通い合うことに喜びをもち、生活することに喜びをもつ」子どもの姿です。

保育園は、子どもが遊びに熱中する場であるのと同時に、生活する場でもあります。食事をし、着替え、使ったおもちゃや道具を片づけ、お昼寝をします。

配膳をしながら「今日のごはんおいしそうだね。」「これ、どのくらい食べる?」と子どもに話しかけ、子どもが食事を準備し、片づける姿をほめ、食べることも、準備や片づけをすることも、喜びであるような生活を作っていきたいと思います。

泥だらけになって園庭から帰って来た子に「おかえり。いっぱい遊んだ？」と声をかけ、少しずつ着替えが自分でできるようになっていく子どもの姿に共感し、「きれいになったね。」と声をかけてあげることで、人とのコミュニケーションを楽しみ、「次はこうしよう。」と自分の行動を考えられるような子どもを育てていきたいと思います。

私たち保育者は、子どもの遊びに共感し、子どもの生活に共感し、日々、発見と喜びがあるような保育をしていきたいと思っています。よろしくお願いします。

別れと出会い

春は、別れと出会いの季節です。

三月中旬の午後、二階に上がっていくと、大きな声で泣いている子がいました。ふだんそんなに大きな声で泣くことがない子なので、どうしたのだろうと思っていると、他にも泣いている子がいます。聞いてみると、もうすぐ五歳児のぞう組さんがいなくなってしまうことが、この時初めてわかったのだそうです。

子どもたちは、初め保育者の膝で泣いていましたが、そのうちぞう組の子どもたちに抱かれて、しばらくの間泣いていました。いっぱい遊んでもらい、たくさんの思い出があるから別れの悲しさを強く感じたのでしょうね。

ぞう組さんの他にも、長い間いっしょに遊び、生活してきた何人かのお友達が退園します。

力を合わせて仕事をしてきた職員も、三人が、森友会の他の保育園に移ります。

そして四月からは、新しい子どもたちと新しい職員を、仲間として迎えます。別れを惜しむとともに、出会いを大切にし、毎日の生活を大事にしていきたいと思います。

五月　四月の子どもたち

子どもたちにとって、四月の課題は何でしょう。

新しく入園して来た子どもにとって、保育園は見知らぬ場所ですね。先生も初めて、お友達も初めて、場所も初めて。大人だって、大変な状況だと思います。心細くて、さびしくて、何をしていいかわからなくて、泣いていることが多くても無理はありません。
そんな子どもたちにとって、四月の課題は三つあると思います。新しい先生や友達と親しくなり、「いっしょが楽しい」と思えるようになること。好きな遊びを見つけること。自分の意思で、生活を始めること。

新しい環境に慣れなければならないのは、新入園児だけではありません。一階から二階に移り、大きく環境が変わった二歳児はもちろんですが、たとえば昨年からいる五歳児だって、新たな課題はあります。頼りにしていた昨年の五歳児が卒園してしまい、「先生、ぞう組って何をすればいいの？」と心配そうに聞いてきた子もいます。そんな子どもたちが、少しずつ新たな充実した生活を見つけていく様子を描いてみたいと思います。

二階での昼過ぎの時間、二歳児の新しいこあら組がたくさん生活するようになり、お昼寝をする人数がふえました。部屋の奥の、リズム表現の時に使う広いスペースに、三十人以上がいっぱいに広がって寝ています。まだ慣れない空間で、なかなか眠れない子もいます。その子たちを、保育士といっしょに、四月にぞう組に進級した子どもたちが一生懸命世話をしてあげていました。

近くの子をとんとんしてあげながら、まわりをちゃんと見ていて「先生、○○ちゃんがせきしてる。」「○○ちゃんをとんとんしてあげて。」などと気を遣ってくれ、バスタオルをはねのけている子にそっとかけなおしてあげたりしています。

まだ新しい環境に慣れず、遊びを見つけられないでいる子どもは、まず安心できる保育者のそばにくっついていたがります。これも大事な第一歩ですね。自分で、安心できる人を見つけることができるのは一つの力です。でもそうやって心細い子のそばに座っている保育者のところに、ラキューで作ったおすしを持って来てくれた子がいます。「ありがとう。おいしいね。」と言って食べていると、今度は両手をいっぱいに広げて、「はい、こんな大きなおにぎりだよ。」と（想像の）おにぎりを持って来てくれました。他の子も加わって次々に食べ物が運ばれます。すると今まで遊べなかった新入園児が、持って来てくれたおにぎりやドーナツ（もちろん想像の）をおいしそうに食べ始めました。今まで見たことがないような笑顔です。大人にくっついているだけでなく、子ども同士の交流があり、遊びに入れた時、子どもは自分の居場所を見つけるのですね。

その日その子は、今度はブロックやラキューなどを使って自分で遊ぶようになってきました。

子どもが自分の意思で生活を始めるというのは、どういうことでしょう。新入園児が、おやつが運ばれてきたのを見つけて、「食べよう。」と言って椅子に座りました。これも、えがおの森保育園が、自分の場所になる一つの大事な行動だと思います。二階に上がってきた二歳児が、保育者を見つけて「うんちが出た。」と知らせてきました。自分の判断で、頼るべき人を見つけて知らせて来たわけです。入園して来た0歳児が、今まで飲めなかったミルクを哺乳瓶から飲めるようになりました。これも、この子にとって、とても大事な第一歩です。

こうしてみると、初めて社会に出た若者や、クラスが変わり進級した学生と同じような難しい仕事を、幼い子どもたちがやりとげていることがわかります。考えてみれば、初めに挙げた三つの課題は人間の一生を通じての課題ですね。

六月　野菜を育てることで、子どもの心に育つもの

五月の中ごろのことです。私がお昼ご飯を食べに二階に行くと、すぐに五歳児の男の子二人に呼ばれました。そばに行くと、「先生、トマトがたおれてる。」と知らせてくれました。

何日か前に、子どもたちはプランターに自分たちで選んだ野菜の苗を植えています。自分の手をスコップ代わりにして、みんなで土をまぜてプランターに入れ、穴を掘って野菜の苗を植えました。その後は毎日水をあげに行っています。だからこそ、トマトの苗が倒れていたのを見つけたのは、大きな事件だったのでしょう。

後で、保育士が「トマトが、自分の重みで倒れたんですよ。どうすればいいと思う?」と聞いたら、〇〇君が、棒を立ててあげればいい、とアイディアを出してくれたんです。」と話してくれて、支えになる棒を探し、子どもといっしょに立てに行ってくれました。

生き物を育てていると「困ったこと」はいくつも出てきます。だからこそ、子どもの心を育てることにつながるのだと思います。

まず「困った。」「大変だ。」と子どもが思ったことが大事で、それは自分が体と心を使って土を運び、苗を植えたからでしょう。次に、子どもが「困った。」「大変だ。」と思った時に、大人がすぐに解決してあげようとしないで「どうすればいいと思う?」と子どもに問いかけたところが大事だと思います。それに応える力を、子どもはちゃんともっていたんですね。これからもきっと「困ったこと」はいくつも出てくると思います。出てきた時に「どうすればいいだろう。」「こうすればいいんじゃないか。」と考え、実行できるような子どもたちを育てていきたいなと思います。

小さなことですが、共通する話をもう一つ。お水をあげたい子どもがいっぱいいるのに、ジョーロが二つしかなかった時、保育士が「もっと持ってくればよかったね。」と言ったら一人の子どもが「だいじょうぶだよ、先生。順番にやればいいんだから。」と言ってくれたそうです。大人よりかしこいですね。

「ともに暮らす」喜び

えがおの森保育園のお昼ご飯は、食べたい子からテーブルに座り、配膳の先生に呼んでもらうというやり方をしています。同じテーブルに座った友達や先生と楽しくおしゃべりしながら食べるというかたちですが、たまたま、いっしょに食べていた友達がみんな食べ終わって一人で食べている子どもがいることもあります。

私たち大人は、同じテーブルの子と会話しながら食べていますが、同時にまわりを見て、一人で食べている子がいたら「このお魚おいしいね。」とか「よく食べたね。」などと声をかけています。同じテーブルには自分一人という時間があっても、「人といっしょに食べる楽しさ」という気持ちはもってもらいたいなと思っています。

お昼寝の時なども、そばについていてはやれなくても、目があった時に「私はここにいてあなたを見ているよ。安心して眠ってね。」というサインは送りたいなと思います。「ともに暮らす」ことで一番大事なのは、いつも物理的にそばにいることより、子どもを見るまなざしの暖かさなのではないかという気がします。中井久夫さんという精神科医は「子どもの世界と大人の世界」という文章の中で、次のようなことを書いています。

——子どもの幸せは第一に「きみといっしょにいるといい気持ちになるよ。」という大人のメッセージを感じることです。大人がそう思えない時には、せめて心の中でそう唱えてください。すると、あなたの表情は唱えたとおりの顔に近づきます。子どもは敏感にそれをキャッチして少しは心が和らぐはずです。——

人と人のコミュニケーションでは、言葉の意味より、表情や声の質の方がずっと大事だそうです。中井さんの言葉からは、子どもが大人の表情をいかに敏感に察知するかということが、改めて感じられます。

七月「自己肯定感」について

「自己肯定感が大事だ」という言葉を最近時々耳にします。でも私には、今一つぴんときませんでした。自己肯定感って何だろう？　自分はこれでいいんだ、と思うことかな。確かにそれも大事だけれどそれだけでいいのかな？

しかし最近「自己肯定感は、困難に出会った時、くじけずに最後までやり遂げようとする心があるかどうかで確かめられる」という話を聞き「なるほど。」と思いました。確かに、「困難にくじけず最後までやり遂げようとする」心は人間にとって最も大事なもののひとつであり、それは自分に対する深いところでの信頼があることで生まれるものだと思います。

では、自己肯定感はどのようにして育まれるのか。それは、周囲の人（子どもの場合は、特に大事な関係をもっている大人）に「あなたが好きだよ。」「あなたは大事な子。」という心が動き、それが子どもに伝わることによってだというのです。

ここでも私は「なるほど。」と思いましたが、同時に「これは厳しい話だな。」とも思いました。理屈で「子どもが大事。」と考えていることではなく、「あなたが大事」という心が動いてそれが子どもに伝わることが必要だというのですから、自分はどうだろうと考えてしまいます。

自分にできることは、子どもに気持ちを向けて、子どもと接するその時間を大事にすることなのかなと思いました。今を大事に、子どもの顔に目を向け、子どもの心に気持ちを向けることで、自分の心の中に「あなたが大事。」「あなたが好きだよ。」という心が動いてくるのではないでしょうか。子どもの心の成長のためにも、一人ひとりの子どもに目を向け、気持ちを向けていく努力をしていきたいと思いました。

朝の乳児室

六月下旬の朝、一階の乳児室では、りす組の子どもが何人か、先生といっしょにはさみで紙を切っていました。先生にもらった細長いきれいな紙を左手で持ち、右手にはさみを持って真剣な顔で切っています。切れると、ちょっとびっくりしたような顔になり、にこっとして「切った。」と先生に見せています。一歳児の子どもたちが十分以上、全く椅子から動こうとせず集中してはさみを使っていました。

黙ってそれを見ている子もいます。一歳児だけでなく、ついこの間まではベビーベッドで寝ていた０歳児の子が、うつ伏せで一生懸命首をあげて見ています。

園庭では、もう二階の幼児たちが砂場で遊んだり、全速力で坂を駆け下りたりしています。

そっちに首を伸ばして見ている０歳児もいます。

私は最近「見る」ということが、０歳児（だけではありませんが）の成長にとってもつ大きな意味を感じることがよくあります。私が部屋に座って子どもたちを見ている時にも、何人もの０歳児が私の顔をじっと見ています。にこにこする子もいます。大人の笑顔を見、一歳上の子どもたちが粘土をしたりはさみを使ったりしている姿を見、園庭でたくさんの子どもたちが走り回るのを見ることで、この子たちは心の中にたくさんのものを吸収しているのでしょう。だから、たくさんの子どもと大人が周りで生活している保育園の環境に意味があるのだし、その環境を「見て楽しい」「あんなことをしたい」と感じてもらえるものにしていかなければならないのだと思います。

そんなことを考えていると、テラスから乳児室を見ていた五歳児の男の子が部屋に入ってきて、一生懸命首を上げて園庭を見ている0歳児のそばに、はずむような足取りで近づき、すっと自分もうつ伏せになってにこにこして0歳児の顔をのぞきこみました。このお兄ちゃんの、明るいはずむようなリズムとやさしい表情も、0歳児は心のどこかで感じているような気がします。

八月　「ほめる」ことについて

七月に、えがおの森で保育の研究会があった時、一番多く話し合われたテーマが、「ほめること」についてでした。その時出た考えで、いくつか心に残ったことがあります。

「子どものどこをほめてやろう、ということを常に考えて保育をすることが必要。」という考えがその一つです。

「常に」という言葉がポイントだと思います。私は、このことを意識するようになってから、自分がリズム表現をしている時、「その場に来てくれた。」ということでまず子どもをほめるようになりました。具体的には、「笑顔で迎える」「よく来たね、と言う」「拍手で迎える」などです。「常に」を意識すると、自分が子どもを見る目が以前より細やかになることがわかります。「手の伸ばしかた」「子どもの目がどこを見ているか」「立ち方」など、ほめるポイントはいくつも見つかるものです。

保育室で子どもを見たり子どもと遊んだりしている時も同じですね。子どもが見せてくれた制作物も、「色をほめる」「かたちをほめる」「目的、用途をほめる」などいくつもポイントが見つかります。見つからなければ作ればいいのです。例えば、自分が本を棚に入れながら「手伝ってくれる？」と言う。子どもが棚に入れてくれたら「ありがとう」と言ったり（片づける場所が）「合ってるね。」と言って拍手したりします。

二つ目は「プロとしてほめていると、保育士もほめることが楽しくなってくる」「表情が暗く見える職員も、ほめることを意識することで表情が明るくなってきた。」というような発言です。

これは、本当です。子どもをほめている時の職員の表情は、本当に明るくなっています。自分の気持ちのことを考えても、「子どもをほめるんだから楽しそうな表情にしなければならない。」というより、ほめることで本当に自分も楽しい気持ちになってくるようです。なぜでしょうね。

一つは「いいこと」「積極的なこと」を自分が見つけられた喜びなのではないでしょうか。ほめるのだから、それが当たり前のようなことであっても、人間が生きるうえで「いいこと」「積極的なこと」を見つけなければなりません。それを見つけること自体が楽しい気持ちを生むのでしょう。もう一つは、ほめられた時に子どもがうれしそうな顔をしてくれるので、それがこちらにも伝わってくるということがあると思います。

三つ目は「職員もお互いにほめることが大事」という考えです。これは、はっきり言って子どもとの場合よりハードルが高いです。大人に対してだと、正面切ってほめることに、どうしても、てれてしまうところがあります。

しかし、このことを意識することで、大人同士でも、まず表情や声が変わってくるような気がします。人が生きていくうえでの「いいこと」「積極的なこと」をお互いに探すようにすることで、お互い同士で、以前より「気持ちが通う」「心が流れる」という感じが出てきます。ちなみに、大人同士で一番言いやすい言葉で、言われた人もうれしい言葉は「ありがとう」ではないでしょうか。お互いに「ありがとう。」と言い合うことがふえるだけでも、大きな影響があるような気がします。

九月　表現の喜び、交流の喜び

最近、一階の0・一歳児の部屋で、廊下側の畳のスペースを表現コーナーとして使い、子どもたちと先生が踊ったりリズム遊びをしたりしています。くるりとまわったり、体をリズムに合わせて動かしたりしている子どもたちの顔が、にこにこして本当に楽しそうです。畳に寝ながら音楽を聞き、いっしょになって体を動かしている0歳児もいます。そして、いっしょに踊っている先生たちの顔が、またとても楽しそうなのです。

「子どもたちが楽しそうだね。それに先生の顔も楽しそうなのがいいね。」と言うと、「子どもが喜んでやるから楽しくなるんです。」と話してくれました。確かにそうだと思います。でも子どもの方も、先生がにこにこして踊っているから楽しそうな顔で踊れるんですよね。

リズムに合わせてからだを動かす楽しさは、人と喜びを交流する楽しさと深く結び付いているのだと思います。歩き始めてからそんなに時間がたっていない子どもたちの、楽しそうに踊る表情には、人間が踊る喜びの一番もとになる、大事なことが表れているような気がします。

それは、年齢が高くなっても基本的に変わりません。五歳児がお泊まり会に出発するのを玄関で見送っていた時、一人の子は、ふと私の手をとってリズミカルに歩き始めました。数歩歩くと、くるっとターンして手をつないだまま、また歩きます。ステップをふんでいるような軽やかな動きをそばで見ていた先生が「喜びのダンス」と言いましたが、本当にそんな感じでした。うれしいと踊りたくなりますが、一人で踊るよりだれかといっしょに踊った方がもっと楽しいのです。

別の日、二階で一人の二歳児がおどけたかんじで踊るようにぴょこぴょこ歩いていました。にこにこしてそれを見ていると、そばにいた二人の二歳児が、まるでからだの動きが移ったように同じリズムで動き出しました。楽しそうな表情もいっしょです。

もりんぴっくでダンスを踊るのも、フェスティバルでオペレッタをするのも、こういう一番基になる喜びとつながってそれを発展させたものにしていきたいと思います。リズム表現の時間に教えたステップを使って、遊んでいる時に楽しそうに軽やかに踊っている子どもの姿を見たこともあります。

逆に、子どもが自分から踊りだしたステップをオペレッタの表現に取り入れたこともあります。大人に、子どもの表現を発見し共感する姿勢と感覚があると、子どもはどんどん自分を出してくるような気がします。

表現の喜びと交流の喜びが結び付いているのは、造形的な活動の時も同じですね。自分で描いた絵、ブロックやラキューで作った作品など、子どもは自分が表現したものを本当にうれしそうに見せてくれます。作る喜び、表現する喜びは、それを人に見てもらい、共感してもらい、気持ちを交流する喜びとつながっています。見せてもらった大人が、共感し、気持ちが交流できると、子どもの喜びはいっそう大きくなります。

ここまで考えてくると、それは生活の中でも言えるような気がしてきます。遊んでいる子どもの喜びは、やりたいことを自分の行動で表す喜びと、友達と交流できる喜びが一つになったものです。

園庭であちこちにはえてきた雑草を抜いてくれる子どもや、フロアをぞうきんがけしてくれる子どもの姿にも、人間が自分のからだを動かして仕事をする喜びと、それが人に認められ、人の役に立つ喜びがむすびついた生き生きとした気持ちが表れています。

十月　もう一つの見方

えがおの森の先生たちと話し合っていた時、こんな話を聞きました。

——私は、外から部屋に帰って来た子に「手が汚れてるね。」と声をかけていた。手を洗ってほしくてそういう声かけをしていたのだが、ある時別の先生が、外から帰って来て手が汚れている子に「いっぱい遊んだんだね。」と声をかけているのを聞いて、「そういう声のかけかたがあるんだ。」と思って新鮮な驚きを感じた。——という話です。

「手が汚れている」のも「いっぱい遊んだ」のもどっちも事実ですよね。保育士や保護者にとっては、どっちに気が付くことも大事です。前の言葉は「保育士の子どもへの願い」から生まれたものであり、後の言葉は、子どもの気持ちに寄り添うことから生まれたものとも言えるでしょう。

私にも、その話は新鮮でした。「いっぱい遊んだんだね。」という言葉に、子どもに共感し、子どもと生活することを楽しんでいる響きを感じたからです。

やはり先生たちとの話し合いの中で、大事な「もう一つの見方」に気が付いた例をもう一つ。

かみつきがある子に「この子はどうしてかみつくんだろう。どういうかかわりをもったらいいんだろう。」と話していた先生に、別の先生がこう言いました。「私は、その子がかみついていない時に、話しかけていっぱいお話しした。かみついた時には、他の先生がいろいろ話してくれるだろうから違う時にかかわった。」

私は、この言葉にもはっとしました。私たちは、何かが起きると、「その時のその子」をどう考えるか、どうかかわるかに気をとられがちですが、「かみつきがある子」としてその子を見るのではなく、その子の一日の生活全部をイメージして、「自分がかかわってあげることでその子の心が満たされることは何だろう?」と考えることで、新しい見方が生まれるのではないでしょうか。

子どもに対する二つの見方が、保育士や保護者の行動に迷いを生む原因になることもあります。膝に乗って来る子に「この子は今、肌の触れ合いを求めているんだな。甘えたいんだな。」と思いながら、「自分で遊びを見つけて遊んでほしいな。」という願いをもつような時です。

前の気持ちが強い人は子どもを膝にのせるかもしれないし、後の願いが強い人は「遊んでおいで。」とつきはなすかもしれません。どちらが正解とも言えませんね。でも、子どもの気持ちに寄り添うことと、子どもへの願いをどちらも強くもつ人は、例えば、ぎゅっと抱きしめて自分から動き出すのを待つというような選択をするかもしれません。

子どもへの見方を多様にできる方が、子どもへのかかわりが豊かになるということは、言えそうな気がします。

神田橋條治という精神科のお医者さんが、「――能力」という言葉を使っていることを思い出しました。甘える子どもには「甘え能力」、言うことを聞かない子には「拒否能力」、友達が少ない子には「一人でいる能力」というように、子どもの（大人でも）、一見困ったように見える特徴に、何でも「――能力」という言葉をつけてみると、その人を少し違った目で見られるようになるというのです。そう考えてみると、甘えることも、人に言われたことを拒否することも、一人でいることも、人間にとって大事な時もあります。これも、子どもの見方を多様にする一つの方法かもしれません。

十一月　えがおの森のもりんぴっく

始まるまで

体育館に入ったお家の方々は、まず会場を彩っている旗に惹き付けられていましたね。家族の愛情がいっぱいに感じられる、いい顔をした子どもの写真が中心になっている旗、子ども自身が描いた絵、お家の方のイラスト……。

お借りした場所で、今年も子どもたちは一回も会場で練習することはできなかったのですが、体育館いっぱいに飾られた旗を見ているだけで、暖かい気持ちが通い合い、「えがおの森のもりんぴっく会場」になってきたような気がします。

お家の人の胸に飛び込む子どもたち

今年のもりんぴっくの一番の特徴は、かけっこのゴールを、「お母さんやお父さんの胸に飛び込む」やり方にしたことだと思います。飛び込んで行く子どもたちの表情、よかったですね。小さい子はもちろんですが、四歳児や五歳児の子どもたちも、力いっぱい走り、お家の方の胸に飛び込んで行くのが本当にうれしそうでした。そして、両手をいっぱいに広げて子どもたちを受け止め、メダルをかけてあげるお母さん、お父さんの姿。他の子と比べるのではなく、一人ひとりの今の姿をせいいっぱい大事にするという、子どもを育てる時に一番大事なことがはっきり表れていたかけっこのゴールだったと思います。

踊る喜び

昨年のもりんぴっくでは、広い会場と大勢のお客さんに緊張して、いつもの力が出せなかった子もいたのですが、今年の子どもたちは「場に負ける」ことがありませんでしたね。むしろ、広い会場で、お家の方に見てもらえることがうれしくて、いつも以上に楽しく、踊っていたと思います。特に四・五歳児のダンスは、男の子も女の子も、思い切り自分を表現し、生き生きとした表情を見せてくれました。その中で、友達への心遣いや、「みんなで協力してやるんだ。」というチームとしての意識も出てきたような気がします。一人ひとりの成長がはっきり感じられました。

ぐりとぐら

今年の親子競技は、すべて、年間キャラクターの「ぐりとぐら」にちなんだものに統一しました。エンディングで、ぐりとぐらの手紙を持った先生が現れると、子どもたちは身を乗り出すようにして手紙を見つめ、聞いていました。

ぐりとぐらの世界は、しっかりと子どもたちの心の中で生きているようです。もりんぴっく前にも、ぐりとぐらに手紙を書いた子が大勢います。前日保育室に行くと「先生、〇〇先生のポケットの中にぐりとぐらがいたんだよ。」と、お泊まり保育の時のことを話してくれる子がいました。もちろん、本当のぐりとぐらがポケットの中に入っていたという意味です。もりんぴっくが、子どもたちの中に生きるファンタジーの世界を、より豊かにする場になったこともうれしいですね。

今を生きることと成長すること

今年のもりんぴっくは、昨年度以上に、お家の方と保育園が手をつないで、子どもが生き生きと輝くように力を合わせるという性格がはっきりしてきたように思います。会場の旗に。かけっこのゴールに。親子競技で子どもたちを支えてくれるお母さんやお父さんの姿に。力いっぱいがんばった子だけでなく、泣いてしまったり動けなかったりした子どもも含め、今の子どもの存在を大事にしていくこと、一方で、昨年と比べるというような長い時間で見ると、どの子も確実に成長し、力をつけているということ、この二つの大事なことが、一日の行事の中にはっきり表れていたのではないかと思います。

保護者のアンケートより

一番多かった感想は、「かけっこのゴールが、家族の胸に飛び込むのがよかった。」ということと、「ぐりとぐら」でテーマが統一されていたのがよかったということでした。「よかった。」と思うことが職員とお家の方で共有できてうれしかったです。運営面での色々な助言もありがとうございました。こちらで一番多かったのが、「時間が長すぎた。」ということ。来年はどう改善するか、これから考えていきたいと思います。

一つ「職員がそろいのポロシャツを着ないで普段の服装だったのはなぜか。」という疑問がありましたので、今年やり方を変えた理由をお伝えしたいと思います。全職員がふだんと違うそろいの服でいることで、特に小さい子どもたちが緊張し、泣く原因の一つになっていたのではないかと考えたことが理由です。服装もいつもと同じで、いつもの保育と同じように笑顔で子どもを迎えようと話し合いました。「一目で職員とわからない。」という短所はありましたが、子どもたちが楽しんで自分の力を出せた理由の一つになったのではないかと思います。

十二月　秋の園庭

子どもたちは、光に、風に、土に、誘われるように園庭に出て行きます。

五歳児の男の子を先頭に、五・六人の子が園庭を走り回っています。山にかけ上り、かけ下り、すごいスピードです。先頭の子のからだの動きが移るように、同じコースを同じスピードで走っているのです。走ることだけで楽しいのですが、その喜びが、友達と同じリズムで走ることでさらにふくらんでいるようです。そのうち、先頭の子は、みんなが自分について来てくれるのがうれしくて、木の枝で走るコースを地面にかきながら走ったり、坂道をうつぶせに滑り降りたり、色々な変化をつけ始めました。後についいて行く子は、みんな、そっくり同じように走っています。子どもたちは、友達と同じように走るのがうれしく、先頭の子は、みんながついて来てくれるのがうれしいのです。先頭の子が見ている私の体に触れて走ると、みんな同じことをします。地面が大きくへこんでいるところを見つけてその中に入ると、みんな同じことをします。次の瞬間にはそこを出てまた全力で走り始めます。十分以上そんなことを続けているのですから、すごいエネルギーですね。楽しさの中で、走るスピードも持久力もどんどん鍛えられていきそうです。

そのグループのスピードについて行けない子も、どこかでそのリズムがからだに移っていくようです。女の子二人で同じように走り始めた子もいます。まだ走れない一歳児は、私の手を取って歩き始めました。山に上ったり、下りたり、二人で園庭中を歩き回っていると、他の一歳児が二人近寄ってきました。みんな私の手を取ろうとするのですが、子どもが三人になったので一人はみ出しますね。はみ出した子が泣き出しましたが、何かの拍子に子ども同士の手が触れると、ちゃんと手をつなぎ、四人が横に並んで手をつなぐ形になりました。それで満足して、今度は四人で園庭中歩き回ります。ふと私の手が離れると、子どもたちは気にせず三人で手をつないで歩き始めました。「大人といっしょ」から出発しながら、わずかな時間で「友達といっしょ」に変化していった一歳児の子どもたちもすごいですね。

次の日、園庭を見ると、昨日二番目に走っていた四歳児が先頭に立って、何人かの子がその子の後に続いていています。昨日と同じメンバーもいますが、以前は園庭に出ることが少なかった子も入っています。この日のリーダーは、前の日の先頭の子のように全力では走らないのですが、進み方の変化が豊富です。木の後ろを通ったり、細い木と、それを支えている棒の間にできた細い隙間を四つん這いになってくぐったり、同じく四つん這いになって坂を下りたり。後ろから隙間をくぐって来た子が見ていた私に「ぼくたち、くぐりごっこしてるの。」と話していました。

昨日私と手をつないだり、友達と手をつないだりして歩き回っていた一歳児は、この日は、先生の後ろについて、おしりをつくようにして坂を滑り降りています。同じことをする子が何人か出てきて、次に見た時にはもう子どもたちだけで坂を滑っています。下まで滑り降りると、その中の一人が、坂を上り始めました。雨上がりで土が滑るので、何回もずるずると滑り落ちていくのですが、あきらめずにまた上って行きます。とうとう自分の力で最後まで上りきって、近くで見ていた先生に拍手してもらっていました。

たった二日間で、子どもの遊びはさまざまに変化し、ふくらんでいきます。前の日とは違う子が参加し、違う子がリーダーになり、遊びの種類も、先生や友達との関係も変化し、豊かになっていきます。それにつれて、子どもたちの心もからだも、さまざまな機能を使い、発達していきます。

別の日の朝、砂場で二人の男の子が遊んでいました。砂を円く掘って水をためています。一人がその横に細い溝を掘り始めます。すると、もう一人の子が泣き出しました。水がそちらに流れて行くのを心配しているようです。溝を掘った子は、困った顔で友達を見ていましたが、円い池（？）と溝との間に砂を盛り上げるようにして「これでいいよね。」と話しかけていました。

しばらくして、もう一度、土木計画（？）のイメージが食い違った時、さっき泣いていた子が、今度は「だって……だからだめなんだよ。」と話しかけていました。共同作業は難しいですが、だからこそコミュニケーション能力を鍛えるにも大事な遊びですね。

一月　乳児のフェスティバル

十二月十九日の土曜日、０・一歳児のフェスティバルがありました。ご家族の方がたくさん見に来て下さり、子どもたちに暖かい拍手を送ってくれました。ありがとうございました。

今年の乳児フェスティバルは、お父さんやお母さんといっしょにいるところから、自分の名前を呼んでもらって前へ出て、表現し、終わるとまた、お父さんやお母さんのところへもどるというかたちでやりました。去年はお家の方が観客席に座っているところに控室から出てきたのですから、これは新しいかたちですね。

やってみると、とても自然な雰囲気でした。考えてみれば、家族といっしょにいるところから、保育者が待っているところに行ってそこで生活し、また家族のもとに帰って行くというのは、普段の生活そのものです。お父さんやお母さんといっしょにいる安心と喜び。そして、見守ってもらいながら一歩そこを離れて新しい経験をすること。それができるのは、子どもと保育者につながりと信頼があり、そこで楽しい充実した生活ができるからでしょう。踊っている子どもたちの表情からは、日常、踊ること、表現することを楽しんでいることがよくわかりました。フェスティバルが終わった後も、表現スペースで音楽がかかると、踊りたくてそこに走って行く子どもたちの姿があります。

とは言え、お父さんやお母さんがそこにいるのに、自分の意思でみんなの中に出て行くというのはやはり大変なこと。保育室にお父さんやお母さんがいることが特別なのだから、離れられなくなった子がいるのも無理はありません。また、心が成長しているからこそ、恥ずかしさがわかり、みんなの前に出て行けなくなることもあります。それぞれが、今のその子の大事な姿です。来年はどんな姿が見られるか、待つという楽しみもあります。フェスティバル一日の中でも、最初出て来られなかった子が二回目に前に出てきたり、友達が踊るのを見ていた子が曲の終わりごろになって踊り出すという変化もありましたね。

見てくださった方が、ご自分の子どもだけでなく、その場にいるすべての子どもを暖かい目で見守り、応援してくれていることがよくわかりました。たくさんの大人に見守られ、たくさんの友達といっしょに成長していくえがおの森の保育をそのまま表しているようなフェスティバルだったと思います。

心に残る言葉

鯨岡峻という保育の研究者がいます。彼は、子どもの心が育つのは、子どもと保育者の心が触れ合い、通い合うことによってであり、そういう心の育ちを人に伝えるには、心が通い合った時のことをエピソードに書くことが大事だと言っています。彼が編集した保育園のエピソードの記録を読んでいると、「すてきだな。」と思うような保育者の言葉や子どもの言葉にたくさん出会います。その一つを紹介します。

――Kちゃんは自分でズボンをはくのが難しく、大人が援助しながらでないとズボンをはこうとしなかったのだが、この日、自分でズボンをはいていた友達の姿を見て、自分もズボンをはきたいという意欲を見せ始めた。足を入れる場所がよく分からなかったようで、ズボンをはくのに苦戦していた。「ここに入れるよ。」と声をかけていたが、やはり足の入れ方や場所が分からず、Kちゃんは苛立っている様子だった。時間もけっこうかかっていたため、私は今までのように援助しようと「先生がしようか。」と声かけをした。しかしKちゃんは自分でやりたいという思いが強く、私の早く終わらせようなどの大人の都合を優先させた声かけでは納得してくれず、また自分ではこうと苦戦していた。

私はどうしたらKちゃんが納得して着替えの援助をさせてくれるだろうかと考え、ズボンをはこうと頑張っているKちゃんに「ズボンはくのを手伝ってもいいかな?」と声をかけてみた。すると、先ほどまで声をかけても嫌がっていたKちゃんが、今までとは違い、一度動きを止めてから、「うん」と目を見て了承してくれた。そこで「ここに足を通すよ。」や「お尻の所、ズボンあげていい?」など少し援助すると、Kちゃんはズボンをはき終えることができた。その後、「Kちゃん、ズボンはけたね! また自分でやってみようね」と声をかけると、Kちゃんは満足した様子で遊びに向かった。——

「ズボンはくのを手伝ってもいいかな?」という保育士の声かけが心に残ります。——Kちゃんが今までとは違い、一度動きを止めてから「うん」と目を見て了承してくれた——というのがすごいと思います。自分の思いを大事にしてくれる言葉には、子どもがちゃんと反応するんですね。

二月　ことばを交わす喜び

子どもの言葉の発達についての研修があった時、面白いエピソードを聞きました。

――道端のタンポポを見つけた子どもが、「これなあに？」とお母さんに聞きました。お母さんが「タンポポよ。」と教えると、子どもは「ふうん。」と言ってタンポポの花をつみました。少し歩いてからまた子どもが「これなあに。」と聞きます。お母さんはまた「タンポポよ。」と答えます。また少し歩くと、子どもがまた「これなあに。」と聞きました。お母さんはとうとう「なに何回も聞いてるの。そのくらい覚えられないの。」と答えました。さてこの子は本当に覚えられなくて何回も聞いたのでしょうか。――

講師の話では、この子どもは、「質問する。」ということを覚えたばかり。質問するとお母さんが応えてくれる。自分がきっかけをつくって、ちゃんとコミュニケーションが成立したわけです。それがうれしい。うれしいから何回もやりたい。「タンポポ」が覚えられなくて聞いたわけではないんですね。

色々なことを考えさせるエピソードでした。園庭のはしからはしまで友達といっしょに走って行きながら、見ている私に「バイバーイ。」と声をかけた子がいます。はしまで行くとまた走って戻って来て、同じように「バイバーイ」と声をかけます。そしてまた戻って来る。何回繰り返したでしょうか。

「走る」ことができるようになってまもない子だったと思います。走ることそのものがうれしかったのでしょう。おまけに、私に「バイバーイ。」と声をかけて「バイバーイ」と声が帰って来るのもうれしい。「うれしいことは何回もやりたい。」ということと、もう一つ「覚えたてのことは何回も繰り返して習熟したい。」という心の働きもあるような気がします。スキーを覚えたての大人と同じです。

運動能力の発達というのは、わかりやすいですね。立てるようになる。歩けるようになる。走れるようになる。ぴょんぴょんとべるようになる。

でも言葉の発達にも、筋道があります。単語が一つだけ出る。二つの単語をつなげられる。質問ができる。「なぜ?」と聞ける。自分で「だから」と言えるようになる。大人には当たり前のことでも、子どもにはみんな初めての経験です。

その一つ一つに、喜びがあるのだと思います。でも私たちは、初めて歩いた時や、初めて言葉が出た時には喜び、祝いますが、「初めて走った時」「初めてジャンプした時」「初めて二つの言葉をつなげて言えた時」「初めて質問ができた時」などは、気づかずに通りすぎることが多いような気がします。そして、走るのは一人でもできますが、ことばを交わす喜びを味わうにはどうしても相手がいります。子どもの話を聞き、応答してあげる、そして大人も子どもと言葉を交わすことを楽しむことが、言葉の発達にとっては大事なんだなと思いました。その日の講師は、子どもはコミュニケーションの喜びを味わいたいのだから、たとえば「なぜ?」と聞かれて答えられないことがあってもいい。「不思議だね。いっしょに考えてみよう。」とか「調べてごらん。」というような応答でもいいから応えてあげてください、と話していました。

子どもを見る時に、発達の道筋が頭に入っていることは大事です。「立つ→歩く→走る→とぶ」とか「単語を話す→二つの言葉をつなげて話す→質問をする」とか。子どもの成長を見逃さず、細やかな目で見ることができるからです。もう一つ大事なのは、発達を、大人の目でなく、子どもの目で見て、初めてできるようになった喜び、世界が広がった喜びを感じることではないでしょうか。

三月　幼児のフェスティバル

一番心に残ったのは、踊っている子どもたちの笑顔と、オペレッタで表現している子どもたちの生き生きとした、そして真剣な表情でした。子どもたちは、からだで表現することが本当に好きなんだなと思いました。

子どもたちは、ふだんの生活の中で、踊ることを、オペレッタをすることを楽しんでいます。子どもたちは一人ひとり、好きなことも得意なことも違いますから、最初からすべての子どもが喜んで参加するわけではありません。しかし、表現する喜びを基にしながら、踊ることやオペレッタを演じることを続け、子どもたちを誘っているうちに、だんだん楽しめる子どもがふえてきます。昨年のフェスティバルで参加できなかった子で、今年は楽しそうにやっていた子も、何人もいます。今年参加できなかった子の中にも、ふだんの生活の中では楽しんで参加していたり、興味をもって友達の表現を見たりしていた子もいます。魅力的な活動を取り入れ、子どもを誘い続け、そして子どもが自分からやるようになるのを楽しみに待つということは、表現だけでなく、子どもを育てる原則だと思います。来年のフェスティバルで、どんな変化や成長があるかということも、今から楽しみですね。

とは言え、フェスティバルの日に、前に出て表現することができなかった子どもがいたのは、やはり残念です。二月の誕生会の時、フェスティバル当日には参加できなかった子が、先生に名前を呼ばれると、お家の方から離れてにこにこして前に出て来たということがありました。日常の、ダンスやオペレッタのやり方、子どもの誘い方、そして当日の会場の作り方や子どもへのはたらきかけかたなど、考えるべきことはいくつもあります。どうすればもっとたくさんの子が前に出ることができるのか、今年の反省をふまえて、来年に向かって努力していきたいと思います。

もう一つ、考えなければならないのは、舞台で表現している子どもたちと、見ている子どもたちとの交流のあり方だと思います。フェスティバルの前にダンスやオペレッタをやっている時、自然に集まって来て興味をもって真剣に見ていた子どもたちの姿がありました。それが、フェスティバルでは、出ていない子どもたちの声が、舞台の集中の妨げになっている場面もありました、見る時の態度についても、当日どのような会場をつくり、どう子どもに働きかけていくかということは、来年に向かっての大事な課題だと思います。

今年、特に四・五歳児の表現活動で心に残ったのは、楽しむだけでなく、友達と協力しながら、自分の力をせいいっぱい出そうとする思いが見えてきたことです。練習をしていて、集中力が足りないと思ったり、この子たちはもっとできると思うと、とめてやり直すことがよくありました。子どもたちは、それをいやがらず、むしろ、自分たちがもっとうまくなること、もっと力を出すことを喜んでいるような雰囲気がありました。表現の喜びには、今を楽しむことだけでなく、今の自分を乗り越える喜びもあるのですが、今年の子どもたちにはそれがはっきり感じられました。小学校の学習にもつながる、大事な経験だと思います。

乳児クラスの子どもたちのかわいい踊りが見られたことも、今年の新しい試みでした。乳児のフェスティバルに幼児が参加することは今までもあったのですが、幼児のフェスティバルに乳児が参加することは、他の園も含めて、私には初めての経験でした。中には初めて二階に上がって来た0歳児もいたのですが、うれしそうに踊っている一歳児に交じって、安心してその場にいて、楽しんでいたことが印象的でした。えがおの森保育園のふだんの保育を象徴しているような場面だったと思います。

Ⅵ　子どもを育てる時に大事なこと

子どもと接する時に、一番大事なことは何でしょう。大事なことはいくつも考えられますが、一つ選ぶのなら、私は「子どもに共感する」ことだと思います。

「共感する」というのは、その子どもの目でものを見ること、その子どもが何に興味を持ち、どんなことを喜び、どんなことに困っているかを子どもになったつもりで感じることです。

「共感」したからといって、その子どもの行動や考え方をすべて受け入れるわけではありません。でも、子どもは、共感してもらうことで、生きる意欲やエネルギーが出てくるのです。そして、自分も人に共感し、人の思いを受け入れることができるようになるのです。

友達のおもちゃをとって、必死に握り締めている子がいました。何にこだわっていたのかはわかりませんが、その子が絶対放したくないと思っていることはわかりました。私はとっさにその子を抱きしめて「そのおもちゃほしかったんだね。」と言いました。続けて、「でもあの子の顔を見てごらん。悲しそうだよ。」と言ったら、その子は握り締めていた手を開いておもちゃを返したのです。

食事の前に、子どもに手を洗わせようとした保育士がいました。泡石鹸をその子の掌に出してあげたのですが、その子は自分の掌を見つめているだけでちっとも手を洗おうとしません。「もうすぐご飯だし、私が手をとって洗ってあげようかな。」と思った時、その子が保育士のほうを見てにっこりしました。とてもいい笑顔でした。掌がこころもち保育士のほうを向いているようでした。その子は、掌いっぱいに広がった泡が面白かったのです。保育士がはっと気づいて「泡あわいっぱいだね。」と笑顔で言うと、その子はさっきよりもっといい顔でにっこりすると、自分から手を洗い始めました。

この二つの例からは、子どもが、自分の思いに共感してもらうことをどんなに求めているかということ、そして、共感してもらうと、自分も相手の思いを受け入れることができるようになるということがよくわかりますね。子どもに共感することは、まず子ども自身の、人に共感する心を育てます。「人に共感する」能力は、いろいろなことを学ぶにも、人といっしょに仕事をするにも、人間にとって一番大事な能力です。そして、共感する力は、自分がまず人に共感してもらうことによって育つのです。

「子どもに共感する」ことは、また、大人にとっても喜びであり、大人が自分自身の共感する能力を育てることにもなります。

子どもは、私にいろいろなことを教えてくれます。小さな花をつんで来てくれたり、団子虫を見せてくれたり、通り過ぎる電車を指差したりします。私は、自分ひとりでは味わえなかった、小さな花の美しさやだんご虫の面白さを感じ、電車の重量とスピードを感じます。さっき例に挙げた保育士は、掌に広がった泡の面白さという、自分ひとりでは決して感じなかったことを感じたでしょう。子どもを育てることは、子どもの感受性をもう一度取り戻し、子ども時代を生き直すことでもあるのです。

どうすれば子どもに共感できるようになるのでしょう。大人の目ではなく、子どもの目でものを見、子どものからだで、身の回りに起きる出来事を経験しようとすればいいのです。

具体的に何をすればいいのか。まず、子どもの顔を見ることです。私が、友達のおもちゃを取った子を抱きしめたのは、その子の表情に、何かせっぱつまったものを感じたからです。手を洗わせようとした保育士が子どもの心に気づいたのは、その子の笑顔を見たからです。子どもの顔を見るというのは簡単なことのようですが、実はそうでもありません。さっきの話の保育士は「私はそれまで○○ちゃんの顔を見ていなかった。手しか見ていなかった。」と書いています。自分が忙しかったり、子どもにさせたいことだけに気持ちがいっていると、子どもの顔に気づかないことがあります。

二番目は、想像力です。子どもの身になって、子どもが何を見ているか、何を感じているか、何を体験しているかを想像することです。えがおの森保育園の園長の遠藤先生が、どんぐりを拾って持って来た一歳児についてこんなことを言ったことがあります。「○○ちゃんにとって、どんぐりを拾うのは生まれて初めての経験なんだよね。私はオーロラって見たことないけど、○○ちゃんにとってのどんぐりは、私がオーロラを見たような経験なのかもしれない。」

見事な想像力ですね。考えてみれば、子どもにとって世界は本当に新鮮です。私たちは、子どもが初めて立った時、歩いた時、喜び祝いますが、本当は「初めて」の経験はそれだけではありませんね。初めて走った、初めてジャンプできた、初めて滑り台で滑った、みんな新鮮な経験です。

運動能力だけではありません。初めて言葉を話した時はみんなに注目されますが、初めて二つの言葉をつなげてしゃべった時や初めて疑問文を話した時、初めて目と目が合ってにっこりした時、何かを指差して「あ」と声を出して教えてくれた時などはどうでしょう。

こういうことに立ち会い、感動をともにすることができるのは、親と保育者です。せっかくの経験を味わわなくてはもったいないと思います。

大人は、子どもの経験の新鮮さを忘れているとともに、子どもの経験の困難さも忘れることがあります。私は、散歩から帰ってきて靴をぬいでいる二歳児に「上手に靴ぬいでるね。」と声をかけた保育者を見てはっとしたことがあります。一人で靴をぬぐことは、二歳児にとって、簡単なことではないのだと気がついたのです。人に頼らず一生懸命自分で靴を脱いでいる姿に共感できるのは、その子の目で、その子のからだでその子がやっていることの難しさを感じる想像力があるからです。

三番目は、子どもの話を聞くことです。子どもは、自分が関心をもっていることを聞いてもらいたいのです。自分の話に興味をもってくれ、聞いてくれる人の話は、子どもも聞くようになります。大人の都合や価値観で子どもを動かそうとする前に、子どもが興味をもっていることに大人も興味をもつことが大事です。思春期になって子どもと大人との関係が難しくなっても、子どもが好きなこと、大事にしていることを興味をもって聞いてくれる大人のことは、子どもは信頼します。

問題行動のある思春期の子どもとの対話を重ねてきたある児童精神科医は、とにかく子どもが好きなことに自分も興味をもち、教わるつもりで話を聞いたということです。ロックが好きな子にはロックの話を、漫画が好きな子には漫画の話を、教わるようにして聞いていると、いつか子どもは自分の悩みを自分から話し出すそうです。

四番目は、毎日の生活の、当たり前だと思われるような子どもの行動に共感し、大事にし、喜びを分かち合うことです。おいしそうにご飯を食べること、保育園や学校に元気に出かけること、無事に帰って来ること。

えがおの森保育園では、お散歩に行く子どもたちがいると、近くにいた職員がみんなで玄関で見送り、帰って来るとやはり玄関で迎えることが当たり前になっています。散歩に出かける喜びに、無事に帰って来たことに、共感し、喜びを分かち合っているのです。園庭から保育室に泥だらけになって帰って来ると「いっぱい遊んだんだね。」と笑顔で迎えます。

家族の誰かが出かける時には玄関で見送り、帰って来た時は明るい声で「おかえりなさい。」と声をかけるだけで、家族のつながりは温かいものになると思います。「行ってきます。」「おはよう。」「おやすみなさい。」「いただきます。」「ごちそうさま。」「行ってらっしゃい。」「ただいま。」「お帰り。」というようなあいさつは、みんな、毎日の当たり前のくらしにお互いに共感し、喜びを分かち合う言葉なのだと思います。このような共感のしかたは、「あなたがここに元気でいることがうれしいんだよ。」「あなたの存在そのものが喜びなんだよ。」というメッセージを伝えることになります。

では、子どもの行為にはすべて共感しなければならないのでしょうか。子どもが石を投げていたらどうでしょう。

共感する前に「だめ、危ない。」とぴしゃりと言って止めるべきですよね。自分を危険にさらすことや、他の人を傷つける可能性があることは、怒ってやめさせなければなりません。人間は、ルールがある中で、ルールに守られてこそ伸びやかに生きることができるのです。これは、子どもがもっと大きくなって、問題が複雑になった時も同じです。子どもには、どこまで許されるか、大人を試すようなところもあります。いじめなども、「これはだめ。」と大人がきっぱり止めてやる必要があります。

しかし、ここが大事なのですが、怒ることが本当に必要なのは、子どもに、危険な行為や、これは人間として許せないという行為をやめさせる時です。子どもに何かをやらせようとして怒ってはいけません。もう亡くなられた方ですが、文化庁長官をやっておられた河合隼雄という方の言葉に「大人は、これ以上はだめだということを子どもに教える壁にならなければならない。それが子どもを守ることになる。しかし壁が動いて行って子どもを押しつぶしてはならない。」と言ったことがあります。壁が動いて行って子どもを押しつぶすとは、どういうことでしょう。

私は、大人の価値観を子どもに押し付け、子どもに無理やり何かをやらせようとすることだと思います。子どもの将来のためには高い学歴をつけてやりたい、今はつらくても必死に勉強をがんばらせる、などという親はその一つの例です。もっと小さい子どもに身近な例で言えば、「食事を残さずに全部食べさせる、おもちゃの片づけをさせる。」などのことも、怒って無理にやらせようとすれば、大人と子どもの関係を悪くし、子どもをおしつぶすことにつながると思います。

でも、大人が子どもに何かを教えてやりたいということはありますよね。そういう時には、どういうことに気をつければいいのでしょう。

まず、考え方として、子どもは独立した一人の人間であるということをきちんと認める、尊厳をもった一人の人間として子どもと向かい合う、ということだと思います。子どもは、大人の期待にこたえるための存在でもないし、大人が自分の思い通りに動かせる存在でもないのです。

考えてもみてください。自分の子ども以外の他の人間に向かって、たとえ正しいことでも「食事を残さず食べろ。」と強制したり「もっときちんと片づけろ。」とがみがみ怒ったりしますか。私は、たとえ自分の子どもが相手でも、何かを強制してやらせる、怒鳴る、相手の人格を否定するようなことを言うというのは間違いだと思います。強制的に親の意志に従わせて育てた子どもは、その時は言うことを聞いても、思春期に、あるいは大人になってから問題が起きることが多いのです。それではどうすればいいのか。尊厳をもった一人の人間として向かい合うということは子どものいいなりになることではありません。子どものもっている理解力や、人を思いやる心を信頼し、一人の人間として尊重しながら、大人としての自分の願いをちゃんと伝えることです。

ある人から聞いたエピソードです。母親といっしょにいた二歳ぐらいの子どもが、エレベーターの前でぐずっていました。母親は両手に荷物を持っているのに、「抱いてくれ」と言ってきかないのです。母親もいらいらしていました。そこに居合わせた人が、子どもに向かって「おかあさん、お荷物重そうだよ。持ってあげたらかっこいいと思うな。」と話したら、その子はお母さんの荷物を持って歩き出したというのです。声をかけた人も、母親も驚くような変化だったそうです。

人間は、自分が信頼されること、他の人間に役立つことがうれしいのです。この場合は、他の人の働きかけでしたが、母親が「荷物重くてお母さん大変なの。一つ持ってくれたらうれしいな。」と言ってもこの子は変わったのではないでしょうか。

もちろん、いつもその場でうまくいくとは限りません。でも、こんなエピソードもあります。これはある保育園の話です。

かけっこが得意な子どもがいました。それまでいつも一番になっていました。ところがある日、いっしょに走る子の組み合わせが変わり、その子は二番になりました。すると、その子はゴール直前で走るのをやめて座り込んでしまったのです。保育士はその子のそばに行って「一番になりたかったね。でも先生は、一番になれなくても最後まで一生懸命走る子が一番かっこいいと思うな。」と話しかけました。その子は返事もせず黙って動きませんでした。保育士は、今はそっとしておこうと思ってその場をはなれました。一週間後、またかけっこがありました。その子はまた二番でした。でも今度は最後まで走り、その後びりになった子のところに行って、「最後まで走ったんだから一番と同じだよ。」と声をかけたと言うのです。

子どもでも、人間が自分の考えを変えるというのは大変なことです。この保育士は、子どもを信頼して自分の願いをちゃんと伝えました。その場ではその子は受け入れることはできなかった。でも、自分の心の中で言われたことを消化し、自分の力で自分を変えることができたのです。

子どもは、自分の考えをはっきり話すことはできなくても、大人の話を理解する力は想像以上にもっているものです。0歳や一歳の子どもでも、真剣に話せば通じることがあります。子どもの理解力を信頼し、これは大事だと思う大人の思いをきちんと伝えてください。

子どもを、自分とは違う、独立した意志をもった人間だと認めることは、子どもの遊びを大人がどのように見るか、子どもが好きなことを大人がどのように伸ばしてやるかということにもつながります。

森友会の保育園の保育は、室内も園庭も含めて子どもが自分の好きな遊びを選び、満足するまで遊ぶ、片づけも自分でやるということを保育の基本にしています。どうしてこういうやりかたをしているのでしょう。

子どもにとって遊びというのは、未知の世界の扉を開くことです。そして、自分の持っている力を伸ばすことです。ただのひまつぶしではないのです。

歩けるようになったばかりの子どもが、滑り台の階段を上って行きました。滑って下りるのはまだこわいらしく、後ろ向きにまた階段を下りて来ました。そしてまた上っていきます。この子はこれを十回繰り返したのです。階段の段差はその子のひざぐらいありました。すごい運動量ですね。

階段を上る、そして後ろ向きに下りるという未知の経験の面白さ、自分の運動能力の新しい発見、この子にとって、その面白さを味わうには、そして開発した運動能力に習熟するには、これだけの回数が必要だったのでしょう。


子どもにとって、遊びと生活がはっきり分かれているわけではありません。赤ちゃんが何にでも手を出し、口に入れるのも、しょっちゅう自分のからだを動かしているのも、遊びであると同時に、自分が世界を知り、身体能力を伸ばしていくために必要なことであり、生きることそのものなのです

どんな遊びをさせればいいか、どんなおもちゃを与えればいいか、という前にまず大事なのは、子どもが何を面白がっているか、何をやりたがっているかを見ることです。そして、子どもの思いを大事にし、満足するまで遊ばせることです。ここでも、子どもの興味に大人が共感することが大事なのです。

虫を捕まえて見せに来る子も、水溜りにじゃぶじゃぶ入っていく子も、自分がその時に一番面白いと感じることをしているのです。それが、子どもが今を充実して生きるこ

とであり、子どもの成長にもつながっていくのです。大人として、今これをやらせることはできないという都合もあるかもしれませんが、子どもが興味をもったことはできるだけやらせてあげたいと思います。人間が本当に集中し、学ぶ力が高まるのは、興味を持って自分から何かを始め、満足するまでやりきる時なのです。

それでも、一人の大人として、子どもにこんな経験をさせたい、これを学んでほしいということもありますよね。私だって、子どもを集めてリズム表現やオペレッタをやっています。子どもに新しい世界を開いてやるには、大人が子どもを誘うことも大事です。その場合、何が大事なのか。

大人が、子どもに経験してもらいたいことを、まず自分が心から楽しんでやることだと思います。子どもに本を読ませようとしてたくさん本を買い与えてもなかなか読まないことがありますが、大人が本当に本を読むことが好きで毎日読んでいれば、たいていの子どもは自分から本を読むようになります。スポーツだって音楽だって同じだと思います。絵本を選ぶ時にも、子どもが何に興味をもつかを見るとともに、大人自身が絵本に興味をもち、絵、話の内容、語り口などに魅力を感じたもの、どこか引き込まれるものを選ぶといいと思います。

生活についてはどうでしょう。子どもが、身の回りのことを自分でできるようになり、食べることを楽しんでできるだけ多くの食材を好きになり、生活のリズムを身に付けていくためには、どうすればいいのでしょう。

これも原則は同じだと思います。一つは子どもに共感すること、もう一つは、大人自身が、毎日の生活、食べること、入浴すること、起きること、寝ること、あいさつすることなどに喜びをもつことです。

大人が楽しそうに、おいしそうに食事をすること、楽しそうにお風呂に入ること、笑顔で「おはよう。」「おやすみ。」と声をかけることが大事です。疲れていて難しいこともあると思います。でも、生活に喜びをもつこと、楽しく生活することは、大人にとっても人間として大事な課題でしょう。子どもを育てることは自分の生活を見直すことでもあります。

そして、子どもの食べる喜び、自分の手で着替える喜びに共感すること、同時に、子どもが自分で食べたり着替えたりすることの難しさにも共感することです。

生活については、もう一つ心がけてほしいことがあります。それは、子どもに、家族のために何かをすることを経験させ、自分が人の役にたっているのだという喜びと自信を持たせることです。

人間は人から信頼され、期待されること、そして実際に人の役に立ち、それを認められることが一番うれしいのです。それは、将来人と協力し、仕事をすることに喜びをもつ人間に育つこととつながります。保育園で、小さい子どもの着替えの世話をしたり、食器を運ぶのを手伝ったりしている年長児は、本当に充実した幸せそうな顔をしています。遊んでいる時以上に充実した表情なのです。

子どもに何かをしてもらったら、必ず「ありがとう。」と言いましょう。仕事は、いやなことを我慢してやることではなく、自分の力が人に役に立ち、感謝されるという喜びの経験なのだということを学んでもらいたいと思います。「ありがとう。」という言葉は、子どもに対してだけでなく、大人同士でも当たり前に言い合うことができるようにしたいですね。

保育園に子どもを預ける保護者の方は、毎日仕事をしているのであり、子どもと接する時間は少ないかもしれません。でも、子どもと接する時間は、量より質です。短い時間でも、子どもに共感し、大人自身が生活を楽しみ、喜びをもって生きていれば、子どもも人に共感する心をもち、生活を楽しみ、喜びをもって生きるようになります。

昔の親だって、生活が大変で、そんなに長いあいだ子どものそばにいたわけではないのです。そして、お父さんやお母さんが、子どもと過ごす時間を大事にするとともに、仕事を大事にし、一生懸命仕事に取り組んで生きていく姿は、子どもにとって、生きることの大事なモデルになります。大変なこともたくさんあると思いますが、お互いに子どもを育てることに喜びをもって生きていきたいと思います。

Ⅶ　教育と保育に共通するもの

高崎美代子さんという小学校教師がいます。私は、東京授業研究の会という小さな研究会で、約二十年、いっしょに勉強してきました。

彼女が研究会に持って来る、子どもたちの授業や表現活動のビデオを見ると、子どもたちが、学ぶこと、表現することに喜びをもっていることがよくわかります。自分の考えを話すことを、友達の話を聞くことを、歌うことを、側転をすることを、全員が喜びをもって、そして真剣にやっているのです。「全員が」「喜びをもって」「真剣に」ということがすべて成り立つのは稀有のことなのですが、その秘密がどこにあるのか、私は、一日朝から放課後まで教室を見学させてもらったことがあります。以下はその時書いた文の一部です。

――健康観察の時、一人の子がどこが具合が悪いか話すと、他の子が「体育できる?」と聞いた。高崎さんが、聞いた子に小さな声で「えらいねえ。」と言っていた。次の子が「からだがだるいです。」と言うと、何人かの子が「だいじょうぶ?」と声をかけていた。高崎さんが「えらいねえ。」と言った言葉が、「だいじょうぶ?」と言う子どもの言葉を引き出しているのは明らかだと思う。

高崎さんは「私には自分の方針をまとめて話すというようなことができない。だれかができた時それを広げる。」と言っていた。「子どもがちょっといいことをするとうれしくて」とも言っていた。——

高崎さんが、「自分の方針をまとめて話すというようなことができない。」と言っている、その「できなさ加減」は、半端ではありません。例えば彼女は、新しいクラスを受け持って給食の時間が始まっても、何の指示もしないそうです。「自分たちで考えて。」というようなことも言いません。

子どもたちの何人かが「給食どうするんですか?」と聞きに来る。高崎さんは、驚いて「えっ、私が用意するの?」と言うそうです。たいていの子どもたちは「いや、そうじゃないですけど。」と言って、自分たちで何かやり始める。

高崎さんには、子どもに対する深い信頼と願いがあるのです。何の指示もしないということは、子どもがその時の課題(たとえば自分たちの知恵と力だけで給食の準備をすること)を解決することができるという信頼があり、どうやって給食の準備をするのか、わくわくして見ているのだと思います。教師が指示して子どもの行動を決めてしまうなんて、もったいなくてできないでしょう。

そしてこの後、たぶん高崎さんは「子どもがちょっといいことをするとうれしくて」「誰かができた時それを広げる」というやり方で給食の準備をしていく。しかしそれは、ものすごく難しい仕事です。高崎さんはなんでもないように言っていますが、私も含め、ほとんどの教師にはこんなやり方はできません。混乱したあげくに「やっぱりこうしよう。」と教師が指示をし直すのがおちでしょう。

高崎さんは、たぶん子どもの「ちょっといいこと」を見逃さない。そしてそれを「うれしくて」心からほめる。だから子どもに通じるのだと思います。たいていの教師には「見逃さない」ことと「うれしくて心からほめる」ことができないのです。

保育園の子どもとリズム表現をしていて、子どもと私の息が合い、子どもが集中してくるのは、私が子どもの動きに、声に、表情に「何か」を発見した時です。そこには驚きがなくてはなりません。だから「手を伸ばして。」と指示して手を伸ばした子をほめるというだけでは集中が深くならないのです。

必ずしも指示するのが悪いというわけではない。自分の指示の結果、想定内の子どもの動きを見るだけでは、私に「発見」がありません。指示したとしても、その指示を越える何かを見つけた時は、たぶん私の声が弾み、表情が動く。子どもは敏感にそれをキャッチして集中するような気がします。

保育の研究会で、ある講師が「子どもがしたことをほめるのはいい。しかし、ほめるために何かをさせるのはよくない。」と話したことがありますが、同じことを言っているような気がします。大人に「発見」がなく「感動」がないと、本当に誉めたことにはならず、子どもに伝わらないということではないでしょうか。

別の面から考えると、子どもを集団として見ないで、あくまで一人ひとりを見ていくということのような気がします。

「給食のやり方は、まずこうして……」という説明は、子どもの集団への説明になります。「手を伸ばしましょう。」という指示も。しかし、だれかの行動を発見し、うれしくて「すごいねえ。」と言うのは、その一人に対して言っているわけです。それが不思議に他の子にも通じる。

竹内敏晴さんという人は「声が届く」ということについて考え続けた人ですが、ある人が「大勢の人に話す時にはどうすれば声が届くんでしょう。」と質問した。竹内さんは「私は大勢の人に話すということはないと思います。」と答えました。大勢いたとしてもその中のだれかに話す。だれかに話すことを他の人も聞いている、ということだと思います。そう言えば、舞台の上のプロの役者も、客席のだれか一人を想定してその人に語りかけるというのを聞いたことがあります。

子どもがお昼寝をする時に布団を敷きますね。私が最初にいたともだちの森保育園では、手のあいている職員が全員のふとんを敷いておいた。研究会の時、「ねむくなった子一人ひとりに敷いてあげてください。」と言われてそうしたら、自分のふとんを敷いてもらってうれしそうな顔をする子どもや、眠くなるとふとんがしまってある戸棚の戸を開けようとする子どもが出てきたと、保育士が話していました。一人ひとりの意思や感情がはっきりしてきたんですね。食事の時も「さあごはんだよ。」と全体に声をかけることをしません。子どもが自分で職員の動きを見て気が付いてテーブルに着きます。なかなか来ない子には、その子のそばに言って「その子」に「ごはんだよ。」と声をかける。こういうやり方も、子どもと個人として向かい合うか、集団として扱うかということにつながるのだと思います。

高崎さんのクラスの子どもたちが、クラスの学習や生活に喜びをもっている理由は、もう一つあります。それは、子どもたちが、自分たちの力で学習を、仕事をすすめていくことに自信と喜びをもち、自分が友達の役に立っている、クラスの役に立っているという実感をもっていることです。私が見せてもらった時、音楽の時間にこんなことがありました。それまで歌を歌っていたのですが、歌い終わると高崎さんが何の説明も指示もせず、すぐに表現の曲を弾き始めました。子どもの一人が「ここじゃ無理だよ。」と言うと、別の子が「無理じゃないよ。椅子を動かせば。」と言いました。同感の声がいくつか出ると、さっとみんなが動き出し、あっという間に動ける空間ができたのです。

高崎さんは、子どもの力を信頼しているから、何の説明も指示せずに表現の曲を引き始めたのであり、子どもたちは場を作ることも自分たちの仕事だと思っていて、そのことに誇りと喜びをもっているのです。

夕方、園庭に残っていたままごと遊び用のマットを、「マットが残っている」と言って走って行き、一人で物置に片づける五歳児の姿にも私は同じような誇りと喜びを感じます。

Ⅷ　感覚の深まりと子ども

私は竹内敏晴さんがやっていた「からだとことばのレッスン」に、参加していました。私たちのグループは、毎年一回自分たちの表現を舞台でお客さんに見てもらっていたのですが、その年はミヒャエル・エンデの『モモ』という作品をテーマにしていました。『モモ』には、無駄な時間を使うのをやめて時間を貯蓄しようと、人々を説得する「灰色の男」が出てきます。私たちは、自分の中の「灰色の男」を探すというレッスンをやっていました。

そのころ私は、教室での自分の一つの癖が気になっていました。一人の子どもに何かを話すと、すぐに別の方向を向くという癖です。ある日、教室に一人の子どもしかいなかったのに、その子に何かを話した後すぐ別の方向を見た自分に気が付いて、ぞっとしたことがあります。

その癖を仲間の前でやってみるのには勇気がいりました。自分の醜い部分を表に出すような思いがあったのです。しかしやってみると、みんな予想以上に笑ってくれました。一人の女性は「あたし、自分を見ているような気がした。」と話してくれました。

私は、竹内さんの勧めで、その癖を拡大し、赤い鼻をつけたクラウン（道化師）として舞台でやってみることにしました。場面として、掃除の時間を選びました。「さあ、机運ぶよ。」と言った瞬間、私は一人の子の方を向き「けがしたんだね。保健室行ってきな。」と言います。言い終わった時はもう別のほうを向き「ほうき振り回しちゃだめ。」と怒鳴っています。次第に首の振り方は早くなり、最後はすさまじい勢いで首を振りながら「だめ。」「だめ。」と怒鳴り続けます。首を前に突き出し、目は大きく見開かれ、腰は後ろに引けています。

舞台で「首振り教師」をやった何年か後、二年生の子どもたちと川岸を散歩している時、不意に子どもたちの体が、厚みをもって、ボリュームのあるものとして見えてきました。子どもたちの体に、厚みがあり、ボリュームがあるのは当たり前なのですが、感覚としてそれが見えてきたのは、私には大きな驚きでした。そしてその見え方には、喜びが伴っていました。「そこに子どもたちがいる」ということそのものの喜びです。では、その前の私には、子どもはどう見えていたのでしょう。たぶん、情報として、映像を見るように見えていただけだったのではないでしょうか。

竹内さんのレッスンの一つに「よびかけ」というものがあります。いくつかのやり方がありますが、その時、私たちがやっていたのは、後ろを向いている人に、話し手が簡単な言葉で呼びかける。「こっちを向いて。」というように。聞いている人は、その声が自分に本当に呼びかけていると感じたら後ろを向く、というものでした。

私は聞き手になっていたのですが、ある時、呼びかけられた瞬間に、私のからだは後ろを振り向いていました。頭で考えるより先に、からだのほうが動いていたのです。


私はもともと、自分の感覚より本を読むことで世界を知ってきたような人間です。小学校の教師になったのは、斎藤喜博という教育者の本を読んだからだし、竹内さんのレッスンに参加するようになったのも竹内さんの本を読んだからです。

でも、「見る」とか「聞く」とかいうことは、情報を得るためのものではないのだ、頭より先に自分のからだが動いているのだということが少しずつわかってきました。「見る」ことや「聞く」ことがそのまま「生きる」ことなのです。


私の「見る」感覚や「聞く」感覚が少しずつ深くなっていった時、そのことに真っ先に反応したのは、子どもでした。子どもは、自分を見ている目の喜びの深さを感じてそれに反応しているような気がします。

五歳児がお泊まり会に行くのを玄関で見送っていた時です。一人の子どもが、ふと私の手を取って、歩き出しました。リズミカルに数歩歩いて、すっと向きを変え、また歩きます。私のからだは、考えるより先にその子のリズムに同期し、いっしょに歩いていました。見ていた職員が「喜びのダンス」と言っていましたが、本当にそんな感じでした。

一人の二歳児がおどけたかっこうでリズミカルに動いているのを私がにこにこしながら見ていると、何人かの子どもたちが初めの子のリズムにぴったり合わせて動き始めました。

0歳児と一歳児の部屋の外の廊下を歩きながら、子どもを見ていると、何人かの子どもがぱっと笑顔になり、走り寄ってきます。他に用事がある時にも、ついその子どもたちに誘われて部屋に入ってしまいます。

竹内さんのレッスンの一つに「出会い」というものがあります。部屋の両端に、二人が互いに背中を向けて立つ。合図で振り向き、歩き出す。二人が近づいた時、何かを感じたら、感じたままに動く、というものです。ある時このレッスンを私と仲間の一人がやった後で竹内さんに「二人とも振り向いてすぐに相手だけを見ている。まず世界を見なければならない。」と言われました。何のことかよくわからないままずっと覚えていたのですが、最近よくこの言葉を思い出します。

私は今も演劇のレッスンをやっているのですが、この前仲間に「加藤さんは手元に集中するとそこだけを見ている。一つのものを見ると同時に、遠くも見ていなければ。」と言われました。

実はこれは、私も含めて今保育者の課題でもあるのです。保育では、視野を広くして部屋全体を見ることと、ひとりの子どもに向き合うことが共にできなければなりません。私はこれがなかなかできないのですが、「見る」という意識ではなく、「まわりの子どもたちが自分に呼びかけている。」というように意識を切り替えることで、少しは部屋全体を感じることができるようになりました。

メルロ・ポンティーという哲学者は「知覚の現象学」という本の中で、ある画家が森を歩いていた時に「自分が木を見ているのではなく、木に見られていると感じるようになった。」と書いている文を引用しています。また斎藤喜博は、「木が自分に呼びかけている。」とか「子どもが自分に呼びかけている」というような言葉を残しています。

私は最近、園庭でも室内でも、（もちろんこちらを見ていない子も含めて）「子どもが自分に呼びかけている。砂場も、木も自分に呼びかけている。」という意識をもつようにしています。すると、感覚としても、まわりの世界のいろいろなものが自分に呼びかけ、自分を見ているように感じることがふえてきました。

感覚の深まりは、からだの変化とつながっています。「首振り教師」の私は、首を前に突き出し、目を大きく開き、腰は後ろに引けている私のからだとつながっていたのです。

斎藤喜博は、ある教育研究者の授業を見て「腰が伸びてきましたね。」と話したそうです。それを聞いた時の私は「なぜ子どもへの問いかけでもなく、子どもの発言への対応でもなく、腰が伸びてきたなどということを取り上げるのだろう。」と思いました。

今ならわかります。腰が伸びるということは、子どものその時々の表情やからだがどのくらい見えているか、声がどのくらい子どもに届いているかということとつながっているのです。

「腰を伸ばそう。」と思えばすぐに伸びるものでもありません。授業をしている時に自分の姿勢のことが頭に浮かぶようではだめだからです。授業をしている時は、子どもを見ること、子どもの声を聞くこと、子どもにはたらきかけることに集中していなければなりません。

自分のからだを耕すことには、持続的に取り組まなければなりません。竹内さんのレッスンでは、初めに必ず「ゆらし」という、二人組で相手のからだをゆらし、自分のからだに気づき、からだを内側から変えていくレッスンが行われていました。今私は、毎朝三十分くらい、呼吸を深くし、からだをゆるませ、からだに軸を通すための体操を自分でやっています。

私は、今六十八歳ですが、保育園の子どもにリズム表現やオペレッタを教えるようになった四年前よりは、教えている時自分の腰が伸びてきたと思います。自分でもあきれるほど遅い歩みですが、体が動く間、あと五・六年は自分が少しずつ成長するのではないかと思っています。

《著者紹介》
加藤博史（かとう　ひろし）
1948 年　東京都に生まれる。
1972 年　東京大学教育学部卒業。
1972 ～ 2012 年　埼玉県朝霞市の小学校で仕事をする。
（37 年間学級担任　3 年間算数少人数指導）
2012 年～現在　社会福祉法人森友会の保育園で仕事をする。
（4 年間副園長、現在保育アドバイザー）

保育の発見

2016年 8 月15日　初版第一刷発行

著　者　加　藤　博　史
発行者　斎　藤　草　子
発行所　一　莖　書　房
〒 173-0001　東京都板橋区本町 37-1
電話 03-3962-1354
FAX 03-3962-4310

組版／四月社　印刷・製本／日本ハイコム
ISBN987-4-87074-205-5　C3337